GUTEN TAG

A German Language Course

for Television

GUTEN TAG

A German Language Course for Television

Textbook for the 26 Episodes of the Course

Issued by the Goethe Institute

By
RUDOLF SCHNEIDER

LANGENSCHEIDT
BERLIN · MÜNCHEN · WIEN · ZÜRICH

INTERNATIONAL FILM BUREAU
CHICAGO, ILL. 60604

The Television Language Film
GUTEN TAG
was jointly produced by the Studienprogramm
of the Bavarian Broadcasting Service
and the Goethe Institute, Munich

Two long-playing records (12 in., 33¹/₃ rpm) of the dialogues
of all 26 episodes are available for use with this textbook.

Special printing for the United States:
International Film Bureau Inc.
332 S. Michigan Ave., Chicago, Ill. 60604
5 th printing . . . . September, 1977

Translation: John Fosberry
Drawings: Gertraud Mayr
© 1968 Langenscheidt KG, Berlin und München
Printed by Druckhaus Langenscheidt, Berlin-Schöneberg
Printed in Germany

PREFACE

The language film "Guten Tag" was produced by the Bavarian Broadcasting Service in collaboration with the Goethe Institute, Munich, for the Foreign Office of the Federal Republic of Germany. The Goethe Institute for the Cultivation of German Language and Culture Abroad, in whose work considerable headway has already been made with technical instruction aids, has utilized its experience gained in the field of German language teaching in the film "Guten Tag", the first German course made for television in the Federal Republic of Germany. Thanks to the artistic and practical experience gained in its Studienprogramm and the harmonious co-operation of the production team, the Bavarian Broadcasting Service has contributed in equal measure to the success of the undertaking. Goethe said: "It is in the nature of the Germans that they turn ponderous about everything, that everything turns ponderous about them." This television language film sets out to demonstrate that German is not ponderous and to encourage those who want to learn it.

The purpose of this book is to help them.

Peter H. Pfeiffer, Ambassador, ret'd.
President of the Goethe Institute, Munich

DEAR READER,

"Guten Tag" is a German language film for one and all. Even those who have never heard a single word of German will understand the scenes with our five main characters: Suma, Aki, Tim, Pierre and Mr. Ricardo.

"Look, listen, and you will understand German," says Felix, the explainer, in every episode. Important expressions are explained by him exactly before the beginning of the real action and are translated into your language by a commentator. Some of the expressions also appear in the picture in print.

Only German is spoken during the action proper. The dialogues contain many useful and frequently used expressions and idioms. Teachers, blackboard and chalk, grammar and rules have been banned from the film.

At the end of the action, the main characters say a few sentences slowly to enable the audience to speak those sentences with them and repeat them afterwards.

Those who want more than the film can give them in 15 minutes, those who want to learn systematically will take recourse to the **textbook** "Guten Tag". The dialogue text (slightly abridged) forms the basis for the subsequent linguistic explanation. It should always be read aloud. The explanatory section "How do you say it in German?" explains what goes on in the film dialogue. The beginner is familiarized with the most important forms and structures of the German language. For those who already know some German, it is a useful revision course.

From beginning to end, the course uses no subsidiary clauses or subjunctives, no declinations of adjectives, no irregular forms or exceptions. Word order in the German sentence is demonstrated by numerous examples. Explanations are limited to brief indications, to make up for which all the more importance is attached to clear and sufficient examples. The golden rule for this section, too, is: "Reading aloud halves the learning effort."

The book contains no phonetics and no pronunciation rules. The "Guten Tag" **record** is therefore indispensable for learning correct pronunciation.

The primary aim of the **film, book and record** of the "Guten Tag" course is to present the German language spoken today. All linguistic explanations take the principles of modern foreign language instruction into account, of course, but they are not geared to any specific method. The least possible use is made of rules and grammatical concepts. The record should preferably be played several times while following the text in the book, then without the text, and finally perhaps for repetition exercises. Most people will see the film before turning to the book; perhaps a repeat broadcast will then provide opportunity to see it a second time with more enjoyment and profit.

Regular viewing of the telecasts is half the job.

We hope it will give you a lot of pleasure.

The Author and Publishers

TABLE OF CONTENTS

Syntax: Simple questions and answers / Word order
Verbs: Personal forms with *ich* and *Sie* / Imperative with *Sie* (formal)
Nouns: Compound nouns / Feminine forms with *-in*
Pronouns: Possessive pronoun *mein*

Syntax: Questions with *wo?* and answers / Negations with *nicht*
Verbs: Personal forms with *wir*
Nouns: Some plural forms / Articles *der, das, die, ein, eine*
Pronouns: Possessive pronoun *Ihr* (formal) / Statements with *das ist . . .,
das sind . . .*
Prepositions: *durch, von*

Syntax: *nicht* at the end of the sentence / Position of adverbial phrases
Verbs: Personal forms with *er, es, sie* and *sie* (plural)
Prepositions and combinations: *für, im, zum*
Adjectives: Unchanged in the predicate for masculine, feminine and
neuter
Numbers: *4, 40, 8, 80*

Syntax: Questions with *was?* / Negations with *kein*
Verbs: Personal forms with *haben* and *sein*
Pronouns: Demonstrative pronouns *dieser/es/e* / Negative article *kein/e* /
Pronoun ending for feminine and plural *-e* / Interrogative pronoun
was?
Preposition: *von*
Miscellaneous: *Es gibt / ja, nein, doch / noch / noch ein*

Verbs: Verbs which always take the dative (for the person) / Forms of *wissen*
Pronouns: Interrogative pronoun *welche*? / Impersonal pronoun *man*
Prepositions: *an, auf, in, neben, vor* (with dative) / Prepositions which always take the dative

11

ABBREVIATIONS AND GRAMMATICAL TERMS

Abbreviation	Term	Example
C e. g. cf. etc.	Construction for example confer = compare and so on	
M(asc.) N(eutr.) F(em.)	*Noun* Masculine Neuter Feminine	*der Tisch, das Kind, die Zeit* *der Tisch* *das Kind* *die Zeit*
S(ing.) P(lur.)	Singular Plural	*das Kind* *die Kinder, die Tische*
Acc. Dat.	Accusative Dative	*den Tisch* *dem Kind*
Subj. Obj.	Subject Object	*der Tisch* *den Tisch, dem Kind*
Art. Def. Art. Indef. Art.	*Article* Definite Art. Indefinite Art.	*der, ein, diese*, etc. *der, das, die* *ein, eine*
Inf. Imp.	*Verb* Infinitive Imperative	*bin, machen, komm!* *sein, machen, kommen* *warten Sie!, kommt!, sprich!*
Pres. Pret. Perf. Part.	Present Preterite Perfect Participle	*ich bin, du hast, er kommt* *Ich war 1965 in Deutschland.* *Wann lebte Goethe?* *Ich habe eine Postkarte gekauft.* *Ich bin nach Hamburg gefahren.* *gekauft, gefahren, vermietet*
Pass. Act.	Passive Active	*Aus Eisen wird Stahl gemacht.* *Tim macht eine Reise.*
Adj. Adv. Prep. Pron.	Adjective Adverb Preposition Pronoun	*Das Zimmer ist schön.* *hier, oft, heute, sehr*, etc. *aus, mit, ohne, für, in* *ich, wir, es, wer?*

INTRODUCTION

1. The Dialogue Text

The dialogue printed here contains the most important linguistic material from the spoken dialogue in the film. Frequent repetitions have been omitted; at points where the story is continued by pictures in the film, short explanations have been inserted in the printed text. Other slight text changes are also intended to facilitate understanding of the printed text. The dialogue text forms the basis for the subsequent linguistic explanation.

2. Explanatory Section — Wie sagt man auf deutsch?

All examples are original sentences from the film dialogue. The grammatical rules dealt with are often clear simply from the printing lay-out. Cue-words and brief indications in the margin make it easy to find specific passages. The explanations are limited to brief indications, to make up for which all the more importance is attached to clear and sufficient examples. A few particularly important problems of German grammar are recapitulated as occasion arises.

Attentive and repeated reading of the section "How do you say it in German?", if possible aloud, should in itself give the reader an insight into the grammar and syntax covered. Numerical cross-references indicate connections between explanations, drawing attention to similarities or differences.

No indication is given of German **phonetics**. However, further complication of the print by phonetic symbols often makes things more difficult for the reader and offers no guarantee that the sound will also be formed correctly. A more reliable and more direct method is to listen to the spoken text on a **record**, which can be played as often as desired. The text on the records is identical with the printed text. The mode of speech at which the records aim is midway between dramatic film dialogue and model phonetics, that is, it combines clarity, correctness and naturalness of speech.

3. Vocabulary. The words listed in each lesson are not arranged alphabetically throughout. Nouns and verbs are grouped together; within the groups, wherever practical, the vocabulary is arranged in small sub-groups according to their content. (In view of the small number of word units per lesson, the finding of an individual word is not made substantially more difficult by this method.) In the case of the verbs, formal aspects (e. g. separable verbs) were sometimes the governing consideration.

Sprechen Sie Deutsch?

Do you speak German?

On their arrival at Frankfurt airport, five foreigners are given a strange reception. An unknown man asks them: "Do you speak German?" On hearing the answer "I am learning German," he presents each of them with a rose and asks them to wait. In a television quiz programme the man has been given the task of finding in one hour five foreigners who want to learn German in Germany. This is our introduction to the five main characters in our language course. In the following sequences the unknown man is Felix, the explainer.

F = *Felix*; A = *Aki*; R = *Mr. Ricardo*; T = *Tim*; P = *Pierre*; S = *Suma*

F Guten Tag! Entschuldigen Sie!	Good day! Excuse me.
Sprechen Sie Deutsch?	Do you speak German?
A Nein, ich lerne Deutsch.	No, I am learning German.

| F | Bitte, warten Sie! | Please wait. |
| A | Ja, ich warte. | Yes, I will wait. |

F	Entschuldigen Sie!	Excuse me.
	Sprechen Sie Deutsch?	Do you speak German?
R	Deutsch? Ja, ein wenig.	German? Yes, a little.
	Ich lerne Deutsch.	I am learning German.
F	Bitte, warten Sie!	Please wait.
R	Ja, ich warte.	Yes, I will wait.

F	Entschuldigen Sie!	Excuse me.
	Sprechen Sie Deutsch?	Do you speak German?
T	Nein, ich lerne Deutsch.	No, I am learning German.
F	*(zu Pierre)* Lernen Sie Deutsch?	*(to Pierre)* Are you learning German?
P	Ja, ich lerne Deutsch.	Yes, I am learning German.
F	Bitte, warten Sie!	Please wait.

F	Entschuldigen Sie!	Excuse me.
	Sprechen Sie Deutsch?	Do you speak German?
S	Ja, ich spreche ein wenig Deutsch.	Yes, I speak a little German.
F	Lernen Sie Deutsch?	Are you learning German?
S	Ja, ich lerne Deutsch.	Yes, I am learning German.
	Oh, danke!	Oh, thank you.

Suma says thank you for the rose Felix gives her.
Now the five of them are invited to go to the television studio, where they answer the question again in front of the audience.

Q = *Quizmaster*

Q	Lernen Sie Deutsch?	Are you learning German?
A	Ja.	Yes.
Q	Lernen Sie Deutsch?	Are you learning German?
R	Jaja.	Oh yes.
Q	Und Sie?	And you?
T	Ja.	Yes.
Q	Und Sie?	And you?
P	Ja, ich lerne auch Deutsch.	Yes, I am learning German, too.
Q	Lernen Sie Deutsch?	Are you learning German?
S	Ja.	Yes.
Q	*(zum Publikum)*	*(to the audience)*
	Sie lernen Deutsch!	They are learning German!

And now our five main characters introduce themselves.

S Mein Name ist Suma.	My name is Suma.
Ich besuche eine Universität.	I am going to a university.
Ich studiere Medizin.	I am studying medicine.
Ich bin Studentin.	I am a student.
R Mein Name ist Ricardo.	My name is Ricardo.
Ich mache eine Geschäftsreise.	I am on a business trip.
Ich bin Kaufmann; Exportkaufmann.	I am a businessman; an exporter.
Und ich lerne Deutsch!	And I am learning German.
A Mein Name ist Aki.	My name is Aki.
Ich bin Praktikant;	I am a trainee;
Industrie-Praktikant.	an industrial trainee.
Ich arbeite und ich lerne Deutsch.	I am working and I am learning German.
T Wir machen eine Reise.	We are on a tour.
P Eine Deutschlandreise.	A trip round Germany.
Ich bin Tourist.	I am a tourist.
T Ich bin auch Tourist.	I am a tourist, too.
Mein Name ist Tim.	My name is Tim.
P Mein Name ist Pierre.	My name is Pierre.
T Auf Wiedersehen!	Be seeing you.

Wie sagt man auf deutsch?
How do you say it in German?

1.

Entschuldigen Sie!	Sie *is the formal form of address.*	Sie
Warten Sie!	Sie *is also used in the imperative.*	

2.

Sprechen Sie Deutsch?	*The question in formal speech.*	-en
Lernen Sie Deutsch?	*After* Sie *the ending is always* -en.	

3.

Ich warte.	*Predicates with* ich.	-e
Ich lerne Deutsch.	*After* ich *the ending is always* -e.	
Ich mache eine Reise.	*The verb is always used with a pronoun.*	

4.

Ich bin Studentin.	*The person speaking introduces himself*	ich
Ich bin Kaufmann.	*with* ich bin.	bin
Ich bin Praktikant.	bin *is the 1st person of* sein.	
Ich bin Tourist.		

5.

Mein Name ist Suma.	**mein** *is the possessive pronoun for the*
Mein Name ist Ricardo.	*person speaking* (**ich**).
Mein Name ist Aki.	**ist** *is the 3rd person of* **sein**.
Mein Name ist Tim.	**Ich bin Tim = Mein Name ist Tim.**
Mein Name ist Pierre.	

mein

ist

6.

Ich spreche	ein wenig	Deutsch.	*The complement (4) of the verb is*	**Constr.**
Ich lerne	auch	Deutsch.	*always put at the end.*	**(C)**
Ich bin	auch	Tourist.		
1	2	3	4	

7.

Ich studiere auch.   *If there is no complement,*   **(C)**
Ich arbeite   auch.   **auch** *is left at the end (stressed).*

8.

Ich bin Kaufmann und ich lerne Deutsch.   *Two sentences joined*   **(C)**
Ich arbeite . . . . . . und ich lerne Deutsch.   *by* **und**.

9.

Sprechen Sie Deutsch?	**Nein,**	ich lerne Deutsch.
Lernen Sie Deutsch?	**Ja,**	ich lerne Deutsch.
Warten Sie!	**Ja,**	ich warte.

Questions that are answered with **ja** *or* **nein**   **(C)**
begin (as in the imperative) with the **verb.**

10.

Kaufmann;   (Export-)Kaufmann;   ⟶ Exportkaufmann;
Praktikant;   (Industrie-)Praktikant;   ⟶ Industrie-Praktikant;
Eine Reise;   eine (Deutschland-)Reise;   ⟶ eine Deutschlandreise;
Eine Reise;   eine (Geschäft-)Reise;   ⟶ eine Geschäftsreise.

In compound words the nouns are often joined with an **s** *(or* **n***)!*
The article is always that of the last word.

11.

Ich bin Studentin.	*Similarly:* Ich bin Praktikantin. *(F)*	**(F)**
Ich bin Student.	Ich bin Praktikant. *(M)*	

Feminine names of occupations are formed with **-in**.   **-in**

Deutschland	*Germany*	ich arbeite	*I am working,*
die Reise	*trip, tour*		*I work*
das Geschäft	*business*	ich besuche	*I am going,*
der Praktikant	*trainee*		*attending*
die Industrie	*industry*	ich lerne	*I am learning*
der Kaufmann	*businessman*	ich mache	*I am making*
der Export	*export*	ich spreche	*I speak*
der Tourist	*tourist*	ich studiere	*I am studying*
der Student	*student*	ich warte	*I will wait, I wait*
die Studentin	*student (F)*		
die Uni(versität)	*university*	deutsch, Deutsch	*German*
die Medizin	*medicine*	auch	*also, too*
die Tiermedizin	*veterinary*	ein wenig	*a little*
	medicine	und	*and*
der Name	*name*	ja	*yes*
		nein	*no*

Entschuldigen Sie!	*Excuse me!*	(Wie) Bitte?	*Pardon?*
Guten Tag!	*Good day!*	Bitte!	*Please!*
Auf Wiedersehen!	*Good-bye! (I'll be seeing you.)*	Danke!	*Thank you!*

A *Insert the answers.*

0. Sprechen Sie Deutsch?   Ja, ich spreche Deutsch.
1. Lernen Sie Deutsch?   Ja, — — — .
2. Besuchen Sie Deutschland?   Ja, — — — .
3. Warten Sie (bitte)!   Ja, — — .

B *Insert the answers.*

0. Lernen Sie auch Deutsch?   Ja, ich lerne auch Deutsch.

1. Sprechen Sie auch Deutsch?   Ja, — — — — .
2. Besuchen Sie auch Deutschland?   Ja, — — — — .
3. Machen Sie auch eine Reise?   Ja, — — — — — .

C *Form the questions.*
0. Besuchen Sie Deutschland?   Ja, ich besuche Deutschland.
1. — — — ?   Ja, ich studiere Medizin.
2. — — — ?   Ja, ich warte auch.
3. — — — — ?   Ja, ich lerne auch Deutsch.

D *Add the missing words.*
0. Ich bin Kaufmann;   ich mache eine Geschäftsreise.
1. — — Studentin;   — — Medizin.
2. — — Praktikant;   — — Deutsch.
3. — — Tourist;   — — eine Reise.

E *Form the questions with* Sie.
0. Ich lerne Deutsch;   lernen Sie auch Deutsch?
1. Ich warte hier;   — — — — ?
2. Ich arbeite;   — — — ?
3. Ich bin Tourist;   — — — — ?

Ein Bild von Rothenburg!

A picture of Rothenburg!

Tim and Pierre are given a lift to Rothenburg by a motorist. When they lose sight of him there, they succeed in asking their way to the agreed meeting place, an old city gate, with their limited knowledge of German.

T = *Tim;* P = *Pierre;* M = *Motorist*

M	Sie sind Tourist?	Are you a tourist?
T	Ja, ich bin Tourist.	Yes, I am a tourist.
M	Und Sie?	And you?
P	Ich bin auch Tourist.	I am also a tourist.
T	Wir sind Touristen.	We are tourists.
	Das ist mein Freund.	That is my friend.
M	Sie sprechen gut Deutsch!	You speak good German.
T	Nein, wir lernen Deutsch.	No, we are learning German.
P	Wir machen eine Reise —	We are making a tour —
T	durch Deutschland.	through Germany.
M	Ich mache auch eine Reise.	I am making a tour, too.
	Ich komme durch Rothenburg.	I pass through Rothenburg.

All three look at a map of southern Germany.

M Hier ist Rothenburg;	Here is Rothenburg,
und das ist ein Tor von Rothen-	and that is a gate in Rothenburg.
burg.	

In Rothenburg they take leave of each other. The man shows them the gate where they are to meet later.

M Hier ist das Tor.	Here is the gate.
T Danke!	Thank you!
P Auf Wiedersehen!	Auf Wiedersehen!

Tim and Pierre read the sign over a shop:

P „Postkarten und Fotos."	"Postcards and photos."
Wir lernen Deutsch!	We are learning German.
T Gut, wir sprechen Deutsch!	Good, we'll speak German.
Warte, ich mache ein Foto!	Wait, I'll take a photo.
P Na, wo ist das Foto?	Well, where is the photo?
T Warte, da ist das Foto!	Wait, there is the photo.
P Da ist die Postkarte!	There is the postcard.

Pierre has a picture postcard of the meeting place, the city gate; Tim has photographed it. Now they have lost each other.

S = *Shopkeeper*

T Entschuldigen Sie!	Excuse me!
Wo ist mein Freund?	Where is my friend?
S Ihr Freund?	Your friend?
Ihr Freund ist nicht hier.	Your friend is not here.
T *(sein Foto zeigend)* Wo ist das Tor?	*(showing photo)* Where is the gate?
S Das Tor? — Warten Sie ...	The gate? — Wait ...

Pierre asks the painter they had seen before.

Pa = *Painter*

P Entschuldigen Sie!	Excuse me!
Wo ist mein Freund?	Where is my friend?
Pa Ihr Freund?	Your friend?
Ihr Freund ist nicht hier.	Your friend is not here.

P (seine Ansichtskarte zeigend)   (showing picture postcard)
   Bitte, wo ist das Tor?   Please where is the gate?
Pa Das Tor? — Warten Sie . . .   The gate? — Wait . . .

Tim has meanwhile found a victim for his camera.

T Bitte, warten Sie!   Please wait.
   Ich mache ein Foto.   I'll take a photo.
P Ein Bild von Rothenburg!   A picture of Rothenburg.

At last they have all found each other again. They laugh about the photo — it shows the woman with a horse's head that had got into the picture.

Wie sagt man auf deutsch?
How do you say it in German?

1.
Sind Sie Tourist?   *Normal question.*
Sie sind Tourist?   *Normal question.*
Und Sie?   *Short form of question.*

Interrogative sentences sometimes have the predicative form.   **(C)**

2.
Wir machen eine Reise. | **Wir** = *Tim and Pierre.* | **wir**
Wir lernen Deutsch. | *The ending is* **-en**. | **-en**
Wir sind Touristen. | Ich bin — wir sind. | **sind**

3.
Sind Sie Tourist?   Ja, ich bin Tourist.   **Sie-? ich-! (S)**
Sind Sie Touristen?   Ja, wir sind Touristen.   **Sie-? wir-! (P)**

Sie sind (sind Sie?) *is used for one and several persons.*
Answer: **ich/wir.**

4.
Hier ist ein Tourist.   Ich mache ein Foto.   Ich mache eine Reise.
Wo ist der Tourist?   Wo ist das Foto?   Wo ist die Postkarte?

ein *and* **eine** *are indefinite articles.*   **ein ein eine**
der, das, die *are definite articles.*   **der das die**

5.

| Hier ist der Tourist. | Hier ist das Foto. | Hier ist die Postkarte. |
| Hier sind die Touristen. | Hier sind die Fotos. | Hier sind die Postkarten. |

In the plural all nouns have the article **die.**
(Cf. 19/3)

der das die (S)
die die die (P)

6.

| Hier ist ein Tourist. | Hier ist ein Foto. | Hier ist eine Postkarte. |
| Hier sind Touristen. | Hier sind Fotos. | Hier sind Postkarten. |

In the plural there is no indefinite article.

7.

Wo ist mein Freund?	Ihr Freund ist nicht **hier!**	**wo?**
Wo ist das Tor?	**Hier** ist das Tor!	**hier!**
Wo sind die Postkarten?	**Da** sind die Postkarten!	**da!**

hier! *and* **da!** *indicate a specific place.*

8.

| **Das** ist mein Freund! | Sind **das** Touristen? | **das ist...** |
| **Das** ist das Tor! | Sind **das** die Fotos? | **das sind...** |

das *indicates persons or things; it is always used alone
without a noun and never changes.*

9.

| Wo ist mein Freund? *(Question)* | Ihr Name bitte? | **(mein)** |
| *(Answer)* Ihr Freund ist nicht hier! | Mein Name ist Aki. | **Ihr** |

*When using the formal form of address, the possessive
pronoun is* **Ihr.**

10.

Ihr Freund ist nicht hier.	*Complements* (hier,
Ich mache auch eine Reise.	eine Reise, Deutsch)
Sie sprechen gut Deutsch!	*are always at the end.*

Note the position of **nicht, auch,** *and* **gut,** *too.*

(C)

11.

Das ist ein Tor von Rothenburg! (Ein Foto von Rothenburg)
     Ein Bild von Rothenburg! (Ein Foto von Pierre)

von

12.
Wir machen eine Reise durch Deutschland. | **durch**
    Ich komme durch Rothenburg.

13.

Ich bin Tourist.	*The plural forms of the nouns are*	
Wir sind Touristen.	*formed with various endings,*	**-en**
Wo ist die Postkarte?	*international words* (Foto, Café,	
Wo sind die Postkarten?	Hotel) *take the ending* -s.	**-n**
Hier ist das Foto.		
Hier sind die Fotos.		**-s**

German nouns are learnt with the article and plural ending, e. g.
Der Tourist/en; die Postkarte/n; das Foto/s.

Wörter
Vocabulary

(In the following vocabularies the plural form is indicated after each German noun.)

das Bild/er	*picture*	ich komme (*durch*)	*I pass*
der Freund/e	*friend*		
der Maler/—	*painter*	da	*there*
das Foto/s	*photo(graph)*	hier	*here*
das Tor/e	*gate*	durch	*through*
die Post	*post office*	von	*from, of*
die Postkarte/n	*postcard*	wo?	*where?*
die Karte/n	*card*	nicht	*not*

Übungen und Aufgaben
Exercises

A *One person speaking*

Several persons speaking

0. Ich lerne Deutsch.	Wir lernen Deutsch.
1. Ich besuche eine Universität.	— — — — .
2. Ich mache eine Reise.	— — — — .
3. Ich spreche Deutsch.	— — — .
4. Ich mache ein Foto.	— — — — .

B *The figure in brackets indicates whether the question is put to one (1) or more (2) persons.*

0. Sind Sie (1) Tourist?	Ja, ich bin Tourist.
0. Sind Sie (2) Touristen?	Ja, wir sind Touristen.
1. Sprechen Sie (1) Deutsch?	Ja, — — — .
2. Lernen Sie (2) Deutsch?	Ja, — — — .
3. Machen Sie (1) ein Foto?	Ja, — — — — .
4. Machen Sie (2) eine Reise?	Ja, — — — — .

C *Answer the questions.*

0. Ist das Ihr Bild?	Ja, das ist mein Bild.
1. Ist das Ihr Foto?	Ja, — — — — .
2. Ist das Ihr Freund?	Ja, — — — — .
3. Ist das Ihre Postkarte?	Ja, — — — — .

D *Fill in (a) using the indefinite article, (b) forming the plural.*

0. Das Foto (s)	a) Das ist ein Foto.	b) Das sind Fotos.
1. Das Tor (e)	Das — — — .	Das — — .
2. Die Postkarte (n)	Das — — — .	Das — — .
3. Der Tourist (en)	Das — — — .	Das — — .

Ich suche ein Zimmer

I am looking for a room

Aki is looking for a room in the city. When he finally has found a room he would like to stay in, the landlady has visitors and the room is occupied for 4 weeks.

A = Aki; L = Lore and E = Emma (two old ladies)

L *(aus den Karten lesend)* Ein junger Mann kommt und mietet das Zimmer!	*(reading the cards)* A young man comes and rents the room.
E Also: „Zimmer zu vermieten!"	So: "Room to let!"

A Ist das richtig?	Is that right?
L Ja, das ist richtig: Sie suchen ein Zimmer!	Yes, that's right: You are looking for a room.
A Ja, ich suche ein Zimmer.	Yes, I am looking for a room.
E Und wir vermieten ein Zimmer!	And we are letting a room.
L Das ist das Zimmer.	This is the room.
E Hier ist ein Tisch zum Schreiben.	Here is a table for writing.
A Ja, ein Schreibtisch.	Yes, a desk.
E Hier ist ein Schrank für die Kleider.	Here is a cupboard (*Am.* closet) for the clothes.

27

A Ah ja, ein Kleiderschrank!	Oh yes, a wardrobe.
L Auch ein Sofa ist da!	There is a sofa, too.
E Es ist sehr bequem!	It is very comfortable!
L ... und sehr schön!	... and very nice.
Und dort ist das Bett!	And there is the bed.
E Nun, ist das Zimmer nicht schön?	Now, isn't the room nice?
A Es ist sehr schön!	It is very nice.
L Nehmen Sie das Zimmer?	Will you take the room?
A Nein, ich nehme das Zimmer nicht!	No, I won't take the room.
E Ach, das tut mir leid!	Oh, I am sorry.
L Ja, das tut mir sehr leid!	Yes, I am very sorry.
E Er kommt wieder!	He will come back.
L Er kommt bestimmt wieder!	He will certainly come back.

Now Aki looks at the room let by Mrs. Diva.

D = *Diva*

D Ein Sessel!	An armchair!
A Ja, ein Sessel ...	Yes, an armchair ...
D Er ist sehr bequem.	It is very comfortable.
A Ja, er ist wirklich sehr bequem.	Yes, it is really very comfortable.
D Das ist der Schreibtisch.	That is the desk.
A Schreibtisch ... ?	Desk ... ?
D Ja, ein Schreibtisch!	Yes, a desk.

Aki does not want to live in this automatic room either. At last he finds a normal room and a nice landlady.

La = *Landlady*

A Ist das Zimmer noch frei?	Is the room still vacant?
La Ja, es ist noch frei.	Yes, it is still vacant.
Hier ist das Zimmer!	Here is the room.
A Oh, das Zimmer ist schön!	Oh, the room is nice.
Was kostet das Zimmer?	What does the room cost?
La Es kostet 80 Mark.	It costs 80 marks.
A 80 Mark im Monat?	80 marks a month?
La Ja, 80 Mark im Monat.	Yes, 80 marks a month.

At this moment the landlady's numerous relatives arrive and occupy the room.

A Das ist *mein* Zimmer!	That is *my* room!
La Entschuldigen Sie!	Excuse me!
Das tut mir sehr leid:	I am very sorry.
Jetzt ist das Zimmer nicht mehr frei.	Now the room is not vacant any more.

A	Nicht mehr frei?	Not vacant any more?
La	Sehen Sie: Jetzt ist das Zimmer besetzt.	You see — now the room is occupied.
A	Besetzt?	Occupied?
La	Für vier Wochen!	For four weeks!

Aki decides to go and live with the old ladies for 4 weeks.

E	Nehmen Sie das Zimmer?	Will you take the room?
A	Ja, ich nehme das Zimmer, aber nur für vier Wochen.	Yes, I'll take the room, but for four weeks only.

Wie sagt man auf deutsch?
How do you say it in German?

1.

Ein junger Mann kommt	kommt	*Ending for the 3rd per-*	**-t**
und mietet das Zimmer.	mietet	*son: -t, after t (and d): -et.*	**-et**

2.

	Ein junger Mann kommt;	er kommt wieder!	**er (M)**
Das ist der	Schreibtisch;	er ist sehr bequem.	**er (M)**
Auch ein	Sofa ist da!	Es ist sehr bequem.	**es (N)**
Ist das	Zimmer nicht schön?	Es ist sehr schön.	**es (N)**
Tim macht eine Reise;		sie ist sehr schön.	**sie (F)**
Wo ist die	Postkarte?	Sie ist hier!	**sie (F)**

Pronouns are used for persons and things.

3.

Wo sind die Postkarten? die Fotos? die Touristen? **Sie** sind hier!
Wo sind Tim und Pierre? Wo sind Suma und Aki? Hier sind **sie**!

*The pronoun in the plural is always **sie**. (Cf. 2/5)*   **sie (P)**

4.

Ein Kleiderschrank:	Ein Schrank	für die Kleider.	**für**
Ein Schreibtisch:	Ein Tisch	zum Schreiben.	**zum**
Was kostet das Zimmer?	80 Mark	im Monat.	**im**

5.

Der Schrank	ist schön.	M
Das Bild	ist schön.	N
Die Postkarte ist schön.	F	
Die Fotos	sind schön.	P

The adjective in such sentences (i. e. in the predicate) remains unchanged in German.

Adj. without ending

6.

Er kommt	wieder.	Er ist	sehr bequem.
Er kommt bestimmt wieder!	Er ist wirklich sehr bequem!		
Das tut mir	leid.	Jetzt ist das Zimmer frei.	
Das tut mir sehr	leid!	Jetzt ist das Zimmer besetzt.	

(C)

Note the position of the adverbs **bestimmt, sehr, wirklich,** *and the complements at the end of the sentence.*

Adverbs Complements

7.

Ist das richtig?	Nehmen Sie das Zimmer?
Das ist richtig!	Ich nehme das Zimmer!

Questions Answers

8.

Nehmen Sie das Zimmer **nicht?**	Ist es nicht **schön?**
Ich nehme das Zimmer **nicht!**	Es ist nicht **bequem!**

nicht at the end (C)

nicht *is placed at the end of the sentence when there are no adverbs or complements.*

9.

Was kostet das Zimmer?	Was kosten die Postkarten?
80 Mark im Monat.	Sie kosten eine Mark.

was kostet? was kosten?

To ask for the price one often says **was kostet?** *(P:* **kosten?***).*

Numbers:

4 Wochen (vier Wochen)	80 Mark (achtzig Mark)	**4 80**
40 Wochen (vierzig Wochen)	8 Mark (acht Mark)	**40 8**

Wörter
Vocabulary

das Bett/en	*bed*	der Schrank/	*cupboard*
das Zimmer/—	*room*	Schränke	(Am. *closet*)
das Sofa/s	*sofa*	die Kleider	*clothes*
der Sessel/—	*armchair*	der Kleiderschrank	*wardrobe*

der Tisch/e	table	bestimmt	certainly
der Schreibtisch/e	desk	frei	vacant
die Mark/—	mark	richtig	right
der Monat/e	month	schön	nice
die Woche/n	week	zu vermieten	to let
ein junger Mann/	a young man		
Männer		aber	but
		also	so
ich suche	I am looking for	dort	there
ich miete	I (will) rent	jetzt	now [no more
ich vermiete	I am letting	nicht mehr	no longer,
ich nehme	I('ll) take	noch	still
zum Schreiben	for writing	nun?	well?
ich sehe (ie)	I see	nur	only
		sehr	very
bequem	comfortable	wieder(kommen)	(come) back
besetzt	occupied	wirklich	really

Wendungen
Phrases

Was kostet der Tisch? (das Zimmer?)	How much is the table? (the room?)
(Was kosten die Postkarten?)	(How much are the postcards?)
Das tut mir leid.	I am sorry.
(Das tut mir sehr leid!)	(I am very sorry.)

Übungen und Aufgaben
Exercises

A *Insert the missing words in the answers.*

0. Ich mache eine Geschäftsreise; und Herr Ricardo?
   Herr Ricardo macht auch eine Geschäftsreise.
1. Ich mache eine Reise durch Deutschland; und Tim?
   Tim — auch — — — — .
2. Ich miete ein Zimmer; und Aki?
   Aki — auch — — .
3. Sie studieren Medizin; und Ihr Freund?
   Mein Freund — auch — .
4. Tim besucht Rothenburg; und Pierre?
   Pierre — auch — .

5. Ich arbeite in Deutschland; und Aki?
   Aki — auch — — .
6. Wir sind Freunde; und Tim und Pierre?
   Tim und Pierre — auch — .
7. Die Fotos sind hier; und meine Postkarten?
   Meine Postkarten — auch — .

B *Replace the nouns with pronouns.*

0. Das ist **der** Kleiderschrank.	Er ist sehr schön.
0. Das ist **das** Sofa.	Es ist sehr bequem.
1. Das ist das Zimmer.	— ist noch frei.
2. Was kostet das Zimmer?	— kostet 80 Mark.
3. Das ist Pierre.	— macht eine Reise.
4. Das ist Tim.	— ist mein Freund.
5. Das ist Aki.	— sucht ein Zimmer.
6. Das ist Herr Ricardo.	— lernt Deutsch.

C

0. Ist mein Foto da?	Ja, hier ist **es**.
1. Wo ist das Bett?	Hier ist — .
2. Wo ist der Schreibtisch?	Da ist — .
3. Ist mein Freund da?	Ja, hier — —.

D

0. Da ist meine Postkarte.	Ist **sie nicht schön?**
1. Da ist Ihr Zimmer.	Ist — nicht schön?
2. Hier ist Ihr Kleiderschrank.	— — nicht bequem?
3. Das ist mein Bild.	— — nicht schön?

E *Insert the right article.*

0. Hier ist **ein** Bett!	Oh, **das** Bett ist schön!
1. Hier ist ein Zimmer zu vermieten!	Oh, — Zimmer ist wirklich schön!
2. Hier ist ein Sessel!	— Sessel ist wirklich sehr bequem!
3. Hier ist eine Postkarte von Rothenburg!	— Postkarte ist sehr schön!

F *Write the sentences in the plural.*

0. Wo ist die Postkarte?	Wo sind die Postkarten?
1. Hier ist das Foto.	Hier — — — !
2. Das ist mein Kleid.	— — — — !
3. Aber nur für **eine** Woche!	— — — 4 — !
4. Das ist ein Tourist.	— — — .

Sind Sie Herr Berger?

Are you Mr. Berger?

Mr. Ricardo has arranged to meet his German business associate. The identifying mark is a flower in their buttonholes. But the flower seller has sold flowers to a lot of people in the café. That makes recognition rather difficult.

R = *Ricardo;* C = *Various Customers;* W = *Waiter;* G = *Girl;* S = *Student*

R Verzeihen Sie!	Excuse me.
Sind Sie Herr Berger?	Are you Mr. Berger?
C Nein.	No.
R Oh, Herr Berger hat auch eine	Oh, Mr. Berger has a flower, too;
Blume; diese Blume!	this flower.
C Ah, Sie haben eine Verabredung?	Ah, you have an appointment?
R ‚Verabredung‘! O ja, ich habe eine	Appointment! Oh yes, I have an
Verabredung.	appointment.
C Aber ich bin nicht Herr Berger!	But I am not Mr. Berger.

Ricardo cannot find his business associate. He sits down at a table.

R	Verzeihen Sie!	Excuse me.
	Ist dieser Platz noch frei?	Is this seat free?
G	Leider nein, er ist besetzt.	Sorry, no, it is taken.
R	Verzeihen Sie!	Excuse me.
	Ist dieser Platz noch frei?	Is this seat free?
S	Ja bitte, diese Plätze sind noch frei.	Yes, these seats are free.
R	Danke, sehr freundlich.	Thank you, very kind of you.
W	Sie wünschen, mein Herr?	What would you like, sir?
R	Ich habe Hunger.	I am hungry.
	Was haben Sie zu essen?	What have you got to eat?
W	Hier bitte, die Speisenkarte.	Here sir, the menu!
R	*(versucht zu lesen)* Oh, das ist schwer!	*(tries to read)* Oh, this is difficult!
G	Nehmen Sie Kalbsschnitzel mit Salat!	Have a fillet of veal with salad.
S	Ja, es ist sehr gut!	Yes, it is very good.
W	Nun mein Herr, was nehmen Sie?	Well sir, what will you have?
R	Kalbsschnitzel mit Salat.	Fillet of veal with salad.
W	Und zu trinken?	And to drink?
R	Was gibt es zu trinken?	What have you got to drink?
W	Wir haben Bier, Wein, Fruchtsaft, Limonade, Mineralwasser.	We have beer, wine, fruit juice, lemonade, mineral water.
R	Mineralwasser bitte!	Mineral water please.

Now the student also looks for Mr. Berger.

S	Verzeihen Sie, sind Sie Herr Berger?	Excuse me, are you Mr. Berger?
C	Nein, ich bin nicht Herr Berger!	No, I am not Mr. Berger.
S	Aber Sie haben eine Blume!	But you have a flower.
C	Nein, ich habe keine Blume, und ich bin nicht Herr Berger!	No, I do not have a flower and I am not Mr. Berger.

Now Mr. Ricardo thinks he has discovered his business associate.

S	Ist das der Herr?	Is that the gentleman?
R	Ja, das ist er, er hat die Blume!	Yes, that's him, he has the flower.
	Hallo, guten Tag, kommen Sie!	Hullo, good day, come and sit down.
	Nehmen Sie Platz!	
	Bitte, was essen Sie, was trinken Sie?	Please, what do you want to eat, what do you want to drink?
C	Ich weiß nicht — ein Bier?	I don't know — a beer?
R	Herr Ober! Noch ein Kalbsschnitzel!	Waiter! Another fillet of veal.
	Herr Berger, wie geht es Ihnen?	Mr. Berger, how are you?

| C | Danke, gut, aber ich bin nicht Herr Berger! Prost, auf Ihr Wohl! | All right, thank you, but I'm not Mr. Berger. Cheers, your health. |

They laugh merrily and the old gentleman takes his leave.

C	Herr Ober, bitte die Rechnung!	Waiter, the bill, please.
W	Zahlen? Alles zusammen?	You want to pay? All together?
R	Nein, nein, nein!	No, no, no.
C	Doch, doch, doch!	Yes, yes, yes.
R	Nein, Sie sind mein Gast!	No, you are my guest.
C	Nein, Sie sind meine Gäste!	No, you are my guests.
W	Zweimal, nein, viermal Kalbs-schnitzel, drei Bier, das macht . . .	Two . . . no, four fillets of veal, three beers, that makes . . .

The café empties; except for Ricardo only one lonely customer is left and he, too, seems to have been waiting a long time.

B = *Mr. Berger*

B	Bitte, haben Sie Feuer?	Excuse me, have you a light?
R	Feuer?	Light?
B	Feuer!	A light!
R	Oh, Feuer, jaja, bitte!	Oh, a light, yes, of course.
B	Sie sind nicht von hier?	You are not from here?
R	Nein, ich bin fremd hier; ich bin Ausländer.	No, I'm a stranger here; I'm a foreigner.
	Ich bin Exportkaufmann.	I am an exporter.
B	Ach so . . .	Oh . . .
R	Ich habe eine Verabredung.	I have an appointment.

At this point Mr. Berger realizes that the stranger is Mr. Ricardo.

B	Herr Ricardo!	Mr. Ricardo!
R	Herr Berger!	Mr. Berger!

1.

Ich bin Ausländer.	Ich habe eine Verabredung.	**ich habe**
Es ist sehr gut.	Er hat diese Blume.	**er hat**
Wir sind Touristen.	Wir haben Bier und Limonade.	**wir haben**
Sie sind meine Gäste.	Sie haben eine Verabredung?	**Sie haben**

Sie haben and **Sie sind** *are used for one and several persons.*

2.

Ist der Platz frei? Nein!	**das** Foto?	**(M)** dieser
Ist **dieser** Platz frei? Ja!	Nein, **dieses** Foto!	**(N)** dieses
die Postkarte?	*Plur.* die Plätze?	**(F)** ⎫ diese
Nein, **diese** Postkarte!	Nein, **diese** Plätze!	**(P)** ⎭

dieser, dieses, diese *are stressed articles.*

3.

Masculine	Neuter	Feminine = Plural	
er	es	sie = sie	**(P)**
der	das	die = die	
dieser	dieses	diese = diese	**(M) (N) (F)**
M -r	N -s	F -e P -e	-r -s -e

4.

Ist das der Herr?	Ist dieser Platz noch frei?	**Cf. 3/2**
Ja, das ist er.	Nein, er ist besetzt.	**er**

5.

Sie haben eine Blume!	*The negative of* **eine** *is* **keine**.
Nein, ich habe keine Blume!	

keine

6.

M	N	F	P	
Ihr Freund;	Ihr Zimmer	Ihre Reise;	Ihre Fotos	**Ihr**
mein Freund;	mein Zimmer	meine Reise;	meine Fotos	**mein**
kein Freund;	kein Zimmer	keine Blume;	keine Fotos	**kein**
ein Freund;	ein Zimmer	eine Blume;	— (Fotos)	**ein**

Before M and N nouns these pronouns are the same. | *F and P nouns have the same pronouns.* | **(F)** ⎫ -e **(P)** ⎭

7.

Was essen Sie?	Was haben Sie zu essen?	**was?**
Was trinken Sie?	Was haben Sie zu trinken?	**zu essen**

was *is always used to ask about things and remains unchanged.*

8.

Was gibt es? Es gibt Kalbsschnitzel mit Salat. (S)	
Was gibt es? Es gibt hier Postkarten und Fotos. (P)	**es gibt**

es gibt *also remains unchanged for objects in the plural.*

9.

Ist dieser Platz noch frei?	**noch**
Herr Ober, bitte noch ein Kalbsschnitzel!	**noch ein**

10.

Ist dieser Platz noch frei?	Ja!	(er ist frei.)	
Ist dieser Platz **nicht** frei?	Doch!	(er ist frei.)	**doch!**
Er hat **keine** Blume?	Doch!	(er hat eine Blume.)	

Negations are always corrected with **doch.**

11.

Sie sind meine Gäste!	der Gast (Gäste)	
Diese zwei Plätze sind noch frei!	der Platz (Plätze)	**(" e)**

Sometimes the vowel also changes in the plural (**Umlaut**).

12.

Das ist schwer! Das macht 4 Mark. Ist das der Herr?	**Cf. 2/8**

13.

Sie sind nicht von hier?	**Cf. 2/11**
Nein, ich bin fremd! (= ich bin Ausländer.)	

Numbers:
Waiter: 2mal, nein, 4mal Schnitzel, 3 Bier (= drei Bier),
das macht ...

zwei mal zwei ist vier;	zwei mal vier ist acht.	**2**
2 · 2 = 4	2 · 4 = 8	

Herr Berger	*Mr. Berger*	das Feuer/—	*light, fire*
der Herr/en	*gentleman*	die Rechnung/en	*bill*
Herr Ober	*waiter*	die Verabredung/en	*appointment*
die Dame/n	*lady*	die Verspätung/en	*lateness, delay*
das Fräulein/—	*miss, young lady*		
der Ausländer/—	*foreigner*	ich esse (i)	*I eat*
der Gast/Gäste	*customer, guest*	ich gebe (i)	*I give*
der Hunger	*hunger*	ich habe (!)	*I have*
der Platz/Plätze	*seat, place*	ich trinke	*I drink*
der Salat/e	*salad*	ich weiß (!)	*I know*
die Speise/n	*dish*	ich wünsche	*I want (wish)*
die Speisenkarte/n	*menu*	ich zahle	*I pay*
das Schnitzel/—	*fillet (of meat)*		
das Bier	*beer*	alles	*everything*
das Eis	*ice*	fremd	*strange, foreign*
der Fruchtsaft	*fruit juice*	freundlich	*friendly*
der Kaffee	*coffee*	gut	*good*
das Café/s	*café*	schwer	*difficult, heavy*
die Limonade	*lemonade*	zusammen	*together*
das Mineralwasser	*mineral water*	mit	*with*
das Wasser	*water*	von	*of, from*
der Wein	*wine*	was?	*what?*
die Blume/n	*flower*		

Haben Sie Feuer?	*Have you a light?*
Nehmen Sie Platz!	*Take a seat. Sit down!*
Auf Ihr Wohl! (= Prost!)	*Your health (= Cheers)!*
A: Verzeihen Sie!	*Excuse me!*
B: Bitte sehr!	*Not at all!*
A: Wie geht es Ihnen?	*How are you?*
B: Danke gut, und Ihnen?	*All right, thank you, and you?*
A: Was gibt es zu essen?	*What is there to eat?*
B: Es gibt Kalbsschnitzel!	*There is fillet of veal.*
A: Bitte, alles zusammen!	*All together, please.*
B: Das macht 2 Mark 40!	*That makes 2 marks 40!*

A *Add the missing words.*

0. Ich habe eine Verabredung.   Herr B. hat auch eine Verabredung.
1. Ich habe Hunger.   Mein Freund — — — .
2. Ich habe eine Blume.   Herr B. — — — — .
3. Wir haben eine Verabredung.   Herr R. — — — — .

B *Complete the questions.*

0. Wir haben Gäste.   Hat Herr B. auch Gäste?
1. Ich habe Hunger.   — Sie   auch   — ?
2. Wir haben zwei Plätze.   — Sie   auch   — — ?

C *Form the questions.*

0. Ich nehme Schnitzel mit Salat.   Was nehmen Sie?
1. Ich trinke Mineralwasser.   — — — ?
2. Wir essen Schnitzel mit Salat.   — — — ?
3. Mir geht es gut.   — — — Ihnen?

D *Complete the answers.*

0. Was gibt es zu essen?   Es gibt Schnitzel mit Salat.
1. Was gibt es zu trinken?   — — Kaffee, Tee und Limonade.
2. Wie geht es Ihnen?   Danke, — — mir gut, und Ihnen?
3. Was gibt es hier?   Hier — — Postkarten und Fotos.

E *Answer in the negative.*

0. Haben Sie **eine** Postkarte?   Nein, ich habe **keine** Postkarte.
1. Machen Sie eine Geschäftsreise?   Nein, — — — — .
2. Suchen Sie ein Zimmer?   Nein, — — — — .
3. Haben Sie ein Foto?   Nein, — — — — .

F *er or es?*

0. Ist das der Herr?   Ja, das ist er!
1. Ist das das Zimmer?   Ja, das ist — !
2. Ist das Ihr Freund?   Ja, das — — !
3. Ist das das Foto?   Ja, — — — !

G *Insert* doch, ja *or* nein.

0. Haben Sie kein Foto?   **Doch**, ich habe ein Foto.
1. Ist Ihr Platz nicht bequem?   — , mein Platz ist sehr bequem.
2. Ist Aki in Deutschland?   — , er ist in Deutschland.

3. Ist Aki nicht in München?   — , er ist in München.
4. Ist das nicht Ihr Freund?   — , das ist mein Freund.
5. Hat Tim noch kein Zimmer?   — , er hat noch kein Zimmer.
6. Gibt es hier keine Blumen?   — , hier gibt es Blumen.
7. Gibt es hier Postkarten?   — , hier gibt es keine Postkarten.

H *Form the questions.*
0. Mein Platz ist bequem.   Sind Ihre Plätze auch bequem?
1. Dieser Platz ist frei.   Sind diese — — — ?
2. Mein Foto ist schön.   Sind Ihre — — — ?
3. Der Platz ist besetzt.   Sind die — — — ?

Zu spät, zu spät!

Too late, too late!

Suma is doing her practical training at a veterinary clinic. Her colleague Andreas is also training in the out-patients department. Philipp, a music student, wants to bring his parrot in for treatment, but Andreas turns him away because surgery hours (Am. also consulting hours) are over. He wants to go to lunch with Suma.

S = *Suma;* A = *Andreas;* Ph = *Philipp;* St = *Various Students;* W = *Waitress*

S Der nächste bitte!	Next please.
A Sie kommen zu spät!	You are too late.
Ph Zu spät?	Too late?
A Ja, zu spät: Es ist fünf Minuten nach zwölf!	Yes, too late. It is five minutes past (*Am.* after) twelve.
Gehen Sie jetzt zum Essen?	Are you going to eat now?
S Ich gehe in die Mensa!	I am going to the refectory.
A Ich begleite Sie; darf ich?	I will accompany you; may I?

In the refectory Suma and Andreas sit at a table with a girl student.

St	Kommen Sie immer zum Essen in die Mensa?	Do you always come to the refectory to eat?
S	Ja, mittags immer.	Yes, always at midday.
St	Was studieren Sie?	What are you studying?
S	Ich studiere Tiermedizin.	I am studying veterinary medicine.
A	Ich auch!	Me too.
St	Wie lange studieren Sie schon?	How long have you been studying?
S	Sieben Semester.	Seven semesters.
St	Sieben Semester, das sind dreieinhalb Jahre!	Seven semesters, that's three and a half years.
S	Ja, und im nächsten Jahr mache ich mein Examen.	Yes, and next year I'm taking my examination.
St	Viel Glück!	Lots of luck!
S	Und was studieren Sie?	And what are you studying?
St	Mathematik, Physik und Chemie.	Mathematics, physics and chemistry.
S	Oh, das ist aber viel!	Oh, but that's a lot.
St	Ja, drei Fächer, aber eine Fakultät!	Yes, three subjects, but one faculty.
S	Ja, Naturwissenschaft.	Yes, science.
St	Wie spät ist es?	What is the time?
S	Es ist zehn vor eins.	It is ten to (*Am.* of) one.
St	Oh, dann muß ich in die Bibliothek!	Oh, then I must go to the library.

A	Wir kommen zu spät! Es ist zehn Minuten nach eins!	We will be too late. It is ten minutes past (*Am.* after) one.
S	Um Viertel nach eins beginnt die Vorlesung!	The lecture begins at a quarter past one.

Students are standing in front of the lecture room; Suma reads on the door:

S	„Die Vorlesung von Professor Müller findet heute im Hörsaal 220 statt."	Professor Müller's lecture will be held in lecture room 220 today.
St	Professor Müller liest heute im Hörsaal 220?	Professor Müller is lecturing in room 220 today?
St	Professor Müller liest heute nicht?	Professor Müller is not lecturing today?
St	Doch, im Hörsaal 220!	Yes, in lecture room 220!

After the lecture Philipp and Suma meet in a café.

W	Was darf ich bringen?	What shall I bring you?
Ph	Wir haben Durst!	We are thirsty.
S	Es ist heiß!	It is hot.
W	Vielleicht Mineralwasser, Saft oder Bier?	Perhaps mineral water, juice, or beer?

S	Bier!	Beer.

S   Bier!   Beer.
W   Also zwei Bier.   All right, two beers.
Ph Sie studieren Tiermedizin?   You're studying veterinary medicine?
S   Ja.   Yes.
Ph Ich nicht; ich studiere Musik!   I'm not; I'm studying music.
    Übrigens: ich heiße Philipp!   Incidentally, my name is Philipp.
S   Oh, Entschuldigung, es ist halb vier!   Oh, excuse me, it's half past three.
    Ich muß jetzt in die Klinik!   I have to go to the clinic now.

*Once again Philipp was unable to say anything about his sick parrot. He tries
again to take it to Suma in the clinic.*

Ph Bitte . . .   Please . . .
A   Sie kommen zu spät! Es ist zehn   You are too late. It is ten minutes
    Minuten nach sechs!   past (*Am.* after) six.

But when Suma sees the parrot, she accepts the patient after all.

Wie sagt man auf deutsch?
How do you say it in German?

1.

      Wie spät ist es? Es ist 1 Uhr (ein Uhr). | **wie spät?**
or: Wieviel Uhr ist es? Es ist 1 (eins). | **wieviel Uhr?**

This is the way to ask the time.

2.

Um wieviel Uhr beginnt die Vorlesung? Um 3 (Uhr). | **um wieviel Uhr?**
or: Wann beginnt die Vorlesung? Um 4 (Uhr). | **wann?**

Question about the time something begins, ends or happens.

3.

      Wann beginnt die Vorlesung?   Um 2 **Uhr.** | **Zeitpunkt**
Wie lange dauert die Vorlesung?   2 **Stunden.** | **Zeitdauer**

Question about duration. The answer is . . . **Stunden.** | **Wie lange?**

4.

Es ist 10 Minuten vor 6. | *The word* **Uhr** | **vor**
| *can be left out.* |
Es ist 10 Minuten nach 6. | | **nach**

5.

Es ist spät!	*(Run.)*	
Es ist sehr spät!	*(Run quickly.)*	**sehr spät**
Es ist zu spät.	*(The train is already gone.)*	**zu spät**

6.

Die Vorlesung von Professor Müller.
Ein Bild von Rothenburg! *(Cf. 2/11)*
Ich bin nicht von hier, ich bin Ausländer. *(Cf. 4/13)* | **von**

7.

Gehen Sie zum Essen in die Mensa?	*The objective*	
Ich muß jetzt in die Klinik.	*is a room.*	
Oh, dann muß ich in die Bibliothek!	*(noun!)*	**in + noun**

8.

Gehen Sie jetzt zum Essen? | *The objective is an action.* | **zum + verb**
(verb!)

9.

Professor Müller liest heute nicht?   Ich lese; er liest | **lesen (ie)**

Some verbs change the vowel in the 2nd and 3rd person,
e. g. sprechen (i):   du sprichst;   er spricht;
essen (i);   nehmen (i);   lesen (ie).

10.

Suma: Ich studiere Tiermedizin!	Andreas: Ich auch!	**Short**
Philipp: Sie studieren Tiermedizin?	Ich nicht!	**answers**
Andreas: Ich begleite Sie!	Darf ich?	**and questions**

11.

halb: Es ist halb zwei; um halb zwei beginnt . . .	**Point of time**
einhalb = ¹/₂; das sind zweieinhalb Jahre!	**Period**
Viertel: Es ist Viertel nach 6; um Viertel nach 6 . . .	**Point of time**
ein Viertel = ¹/₄ (= 15 Minuten): Eine Viertelstunde.	**Period**

Numbers:

1 (eins); 1 Uhr (ein Uhr); 1 Stunde (eine Stunde);	**1**	**5**	**9**
2 (zwei); 3 (drei); 4 (vier); 5 (fünf); 6 (sechs);	**2**	**6**	**10**
7 (sieben); 8 (acht); 9 (neun); 10 (zehn);	**3**	**7**	**11**
11 (elf); 12 (zwölf);	**4**	**8**	**12**

2 (zwei); 20 (zwanzig); 22 (zweiundzwanzig); 200 (zweihundert);
Hörsaal 220 (zweihundertzwanzig); 222 (zweihundertzweiundzwanzig).

die Bibliothek/en	library	ich begleite	I (will) accompany
das Examen/—	examination	ich bringe	I bring
das Fach/Fächer	subject	ich darf	I may
die Fakultät/en	faculty	ich gehe	I go
der Hörsaal/-säle	lecture room	ich heiße	I am called;
die Klinik/en	clinic		my name is
das Praktikum	practical training	ich hole	I get
der Professor/en	professor	ich lese (ie)	I read
das Semester/—	semester	ich muß	I must
die Chemie	chemistry		
die Mathematik	mathematics	beginnt	begins
die Naturwissen-	science (pure)	dauert	lasts
schaft		findet statt	is held, takes place
die Wissen-	science		
schaft/en		heiß	hot
die Natur	nature	viel	a lot, much, many
die Musik	music	nächst-	next
die Physik	physics	dann	then
das Jahr/e	year	immer	always
die Minute/n	minute	mittags	midday
die Stunde/n	hour	spät	late
die Uhr/en	time; clock	heute	today
der Durst	thirst	schon	already
die Gabel/n	fork	oder	or
der Saft/Säfte	juice	übrigens	incidentally
das Salz	salt	vielleicht	perhaps
		wie lange?	how long?

Wendungen
Phrases

Das ist aber viel!	But that is a lot.	Der nächste bitte!	Next please.
Viel Glück!	Lots of luck.	Im nächsten Jahr.	Next year.

Übungen und Aufgaben
Exercises

A *State the time.* (Min. = Minuten)

0.	Wieviel Uhr ist es?	(6.15)	Es ist Viertel nach 6.
	or: Wie spät ist es?	(6.15)	Es ist Viertel nach 6.

1. Wie spät ist es?   (5.15)   — — — — — .
2. Wieviel Uhr ist es? (12.10)   — — — — — — .
3. Wieviel Uhr ist es? (11.30)   — — — — .

B *Use both possible forms (as under A/0).*

1. — — — — ?   Es ist 5 Min. vor 3.
   — — — — ?
2. — — — — ?   Es ist 10 Min. nach 7.
   — — — — ?
3. — — — — ?   Es ist 9 Uhr.
   — — — — ?

C *Insert any suitable time.*

0. Um wieviel Uhr beginnt die Vorlesung?
   Um 1 Uhr beginnt die Vorlesung.
1. Um wieviel Uhr gehen Sie zum Essen?
   — — Uhr — — zum Essen.
2. Um wieviel Uhr kommt Ihr Freund?
   — — Uhr — — Freund.
3. Um wieviel Uhr haben Sie eine Verabredung?
   — — Uhr — — meine Verabredung.

D *Form the answers.*

0. Wann beginnt die Vorlesung?   Die Vorlesung beginnt um 9 Uhr.
1. Wann liest Professor Müller?   — — — — Professor Müller.
2. Wann gehen wir zum Essen?   Wir — — — — zum Essen.

E *Complete the answers with figures you know.*

0. Wie lange lernen Sie schon Deutsch?
   Ich lerne schon 5 Wochen Deutsch.
1. Wie lange studieren Sie schon?
   — — schon — Jahre.
2. Wie lange warten Sie schon?
   — — schon — Minuten.
3. Wie lange sind Sie schon in Deutschland?
   — — schon — Tage in Deutschland.
4. Wie lange suchen Sie schon?
   — — schon — Stunden.
5. Wie lange dauert Ihr Praktikum?
   — — — — Semester.
6. Wie lange dauert die Reise nach Deutschland?
   — — — — — — Monate.

F *Add the missing words.*
0. Ein Tag hat 24 Stunden.
1. Eine Stunde hat 60 — .   4. Ein Monat hat 30 (31) — .
2. Ein Monat hat 4 — .   5. Ein Jahr hat 12 — .
3. Ein Jahr hat 52 — .   6. Eine Woche hat 7 — .

G *Write and speak the plural.*
0. Tag: 3 Tage;
Platz: 2 — ; Foto: 12 — ; Gast: 20 — ; Tourist: 200 — ;
Freund: 4 — ; Postkarte: 5 — ; Jahr: 3 — ; Stunde: 8 — ;
Fach: 3 — ; Bild: 6 — ; Semester: 7 — ; Minute: 10 — .

H *In each case choose a suitable answer from the three possibilities given.*
0. Aki arbeitet in Deutschland; und Sie?   **Ich auch.**
0. Suma studiert Medizin; und Sie?   **Ich nicht.**
0. Aki studiert **nicht** Medizin; und Sie?   **Ich auch nicht.**

1. Pierre lernt Deutsch; (und Sie?)   — — .
2. Suma muß heute nicht in die Vorlesung; (und Sie?) — — — .
3. Andreas geht zum Essen; (und Sie?)   — — .
4. Tim macht eine Deutschlandreise; (und Pierre?) — — .
5. Ricardo hat heute keine Verabredung; (und Sie?) — — — .
6. Ich habe Hunger; (und Sie?)   — — .
7. Ich gehe heute nicht zum Essen; (und Sie?) — — — .
8. Aki sucht ein Zimmer; (und Sie?)   — — .
9. Ricardo spricht gut Deutsch; (und Tim?)   — — .
10. Philipp kommt immer zu spät; (und Sie?)   — — .
11. Er kommt nicht nach Hamburg; (und Sie?) — — — .
12. Suma ißt mittags nicht; (und Philipp?)   — — — .

I *Insert whichever of the following words you think fits.*
auch; nicht; jetzt; heute; immer; mittags; noch; schon; nicht mehr.
0. Ich muß **jetzt** in die Universität.
1.   Ich gehe zum Essen — in die Mensa.
2. Pierre ist Tourist. Tim ist — Tourist.
3.   Herr Ricardo hat — eine Verabredung.
4.   Wir gehen — zum Essen in die Mensa.
5.   Sind die Plätze — frei?
6.   Nein, sie sind leider — besetzt.
7. Jetzt ist das Zimmer leider — — frei.
8.   Diese Plätze sind leider — bequem.

Ist das der Zug nach Hamburg?

Is that the train to Hamburg?

Tim and Pierre want to go to Hamburg. On the platform they mistake the "arrival" sign for the "departure" sign and get on the train standing next to track 13, which has arrived from Hamburg and is being shunted on to a siding.

P = *Pierre*; T = *Tim*; R = *Various Railwaymen*; Pa = *Various Passengers*

P Bitte, wo steht der Zug nach Hamburg?	Where is the train for Hamburg, please?
R Der Zug nach Hamburg steht auf Gleis 13.	The train for Hamburg is on track 13.
R Halt, wohin?	Stop, where are you going?

The train leaving for Hamburg is still standing on track 13.

Pa Fährt dieser Zug nach Hamburg?	Does this train go to Hamburg?
R Ja, dieser Zug fährt nach Hamburg.	Yes, this train goes to Hamburg.

Pa Bitte, ist das der Zug nach Hamburg? Is that the train to Hamburg, please?
R Ja, richtig. Abfahrt 14 Uhr 24. Yes, that's right. Departure 14.24 hours
(2.24 p. m.).

Tim and Pierre alone in the moving train; they practice their German.

P Sie fahren nach Hamburg? You are going to Hamburg?
T Ja, ich fahre nach Hamburg. Yes, I am going to Hamburg.
P Ich fahre auch nach Hamburg! I am going to Hamburg, too.
T Der Zug hält! The train is stopping.

The train stops on the siding. Tim and Pierre are surprised to see the cleaning women.

C = Cleaning Woman

P Fährt dieser Zug nicht nach Ham- Doesn't this train go to Hamburg?
burg?
C Nein, der Zug fährt nicht nach No, this train isn't going to Hamburg.
Hamburg.
Der Zug kommt von Hamburg! This train comes from Hamburg.
P Der Zug kommt von Hamburg? The train has come from Hamburg?
R Ja, der Zug kommt von Hamburg, Yes, the train has come from Ham-
und jetzt bleibt der Zug hier in burg and now the train is staying
München! here in Munich.

The cleaning women throw a violin case out of the window to Pierre, thinking that Pierre left it in the train.

C Hallo, Ihr Gepäck! Heh, your luggage!
P Das ist nicht mein Gepäck! That is not my luggage.
T Hallo! Das ist nicht sein Gepäck! Heh, that is not his luggage!

On their way back to the platform, Tim and Pierre cross the rails. That is forbidden, of course.

R Hallo, wo möchten Sie hin? Heh, where do you want to go?
P Wir möchten nach Hamburg! We want to go to Hamburg.
R Gehen Sie zurück zum Bahnsteig! Go back to the platform.
P Komm! Come on!
R Halt, sehen Sie nicht: Stop, can't you see:
„Überschreiten der Gleise ver- "It is forbidden to cross the rails!"
boten!"

First, they ask the help of a railway policeman.

Po = *Policeman*

T Das ist nicht unser Gepäck.	That is not our luggage.
Po Das ist nicht Ihr Gepäck?	That is not your luggage?
Gehen Sie zum Fundbüro!	Go to the lost property office.
T Du gehst zum Schalter —	You go to the ticket office —
und ich gehe zum Fundbüro.	and I will go to the lost property office.

On the platform they learn that they need a supplementary ticket.

R Moment, Sie brauchen noch 2 Zu-schlagskarten.	Just a moment, you need 2 supplementary tickets.
Der Zug nach Hamburg ist ein Schnellzug.	The train to Hamburg is an express train.
Gehen Sie schnell! Der Zug fährt in 10 Minuten ab!	Hurry up! The train leaves in 10 minutes.

The passengers are warned over the loudspeaker:

L = *Loudspeaker*

L Achtung, Achtung:	Attention please, attention please:
Der Zug nach Hamburg auf Gleis 13 fährt in wenigen Minuten ab.	The train for Hamburg on track 13 will leave in a few minutes.
Bitte einsteigen und Türen schließen!	Please get in and close the doors!
Vorsicht am Bahnsteig!	Be careful on the platform!

Tim has also left his ticket at the Lost Property Office with the piece of luggage. Now Pierre is standing at the train, but Tim is at the barrier without a ticket.

T Ich finde meine Fahrkarte nicht!	I can't find my ticket.

At this moment the owner of the violin case brings him the ticket.

T Ah, da ist meine Fahrkarte!	Ah, there is my ticket.
P Und da fährt unser Zug — nach Hamburg!	And our train is leaving — for Hamburg.

Wie sagt man auf deutsch?
How do you say it in German?

1.

Du gehst zum Schalter.	*Familiar form:*	**du**
Lernst du auch Deutsch?	*After* **du** *the ending is* -st	**-st**
Wie heißt du?	*After an* **s** *only* -t	**(-t)**
Wo wartest du, Tim?	*After* **t** *(and* **d***):* -est	**(-est)**

2.

Ich **bin**; du **bist**; er (es, sie) **ist**; wir (Sie, sie) **sind**.	**bist**
Ich **habe**; du **hast**; er (es, sie) **hat**; wir (Sie, sie) **haben**.	**hast**

3.

Fährt dieser Zug nach Hamburg? | Der Zug hält!

Some verbs change the vowel in the 2nd and 3rd person.
fahren (ä): du fährst, er fährt. *(Cf. 5/9)*   **fahren (ä)**

4.

Kommst du?	Komm!	*The imperative often has no ending.*	—	—
Wartest du?	Warte!	*In written German mostly with* -e.	—	-e
Fährst du?	Fahre!	fahren (ä): *Imperative with* **a**!	a	-e
Sprichst du?	Sprich!	sprechen (i): *Imperative with* **i**!	i	—

The imperative in the familiar form of address has no pronoun.

5.

Pierre (to the policeman): Das ist nicht mein Gepäck!	**mein**
Tim (to the policeman): Das ist nicht sein Gepäck!	**sein**
Pierre and Tim together: Das ist nicht unser Gepäck!	**unser**

6.

Policeman to Tim: Das ist nicht Ihr Gepäck? *(S)*	**Ihr**
Policeman to Tim and Pierre: Das ist nicht Ihr Gepäck? *(P)*	

The possessive pronoun is used for S and P.

7.

Tim to Pierre: Ist das dein Gepäck? | *Familiar form*	**dein**
Pierre to Tim: Nein, das ist nicht mein Gepäck!	**mein**

8.

F	P		
meine Fahrkarte;	unsere Fahrkarten;	seine Fahrkarte;	**(F)** ⎱ -e
deine Fahrkarte;	unsere Fotos;	seine Fotos.	**(P)** ⎰

Before F nouns and P nouns the possessive has the ending -e. | **Cf. 4/6**

9.

Ist das der Zug nach Hamburg?	*The destination is given*	
Fährt dieser Zug nach Hamburg?	*as a geographical name.*	**nach**

10.

Du gehst zum Schalter;	*The destination is a place*	
ich gehe zum Fundbüro.	*where something is to be done.*	**zum**

11.
Wohin? *or:* **Wo . . . hin?**

	3 answers for		
	3 destinations:		
Wo möchten Sie hin?	**Nach** Hamburg.	*Name*	**nach**
Wohin geht Pierre? *(Cf. 5/8)*	**Zum** Schalter.	*Place*	**zum**
Wohin geht Suma? *(Cf. 5/7)*	**In** die Klinik.	*Room*	**in**

12.
Wohin? – Wo? – Woher?

	3 answers with geographical		
	names:		
Wo fährt der Zug hin?	**Nach** Hamburg.	*(wohin?)*	**nach**
Wo bleibt der Zug jetzt?	**In** München.	*(wo?)*	**in**
Wo kommt der Zug her?	**Von** Hamburg.	*(woher?)*	**von**

13.
Wo steht der Zug?   Auf Gleis 13. | *(Idiom)* | **auf**

14.

Vorsicht **am** Bahnsteig! Der Zug	**am**
fährt **in** wenigen Minuten ab!	**in**

Numbers:
3 + 10 = 13   drei und zehn ist dreizehn
14 (vierzehn);   16 (sechzehn);   18 (achtzehn);
15 (fünfzehn);   17 (siebzehn);   19 (neunzehn).

The units are said **before** *the tens.*

Abfahrt 14.24   (Abfahrt vierzehn Uhr vierundzwanzig).
Ankunft 16.26   (Ankunft sechzehn Uhr sechsundzwanzig).

Official:	17.30:	siebzehn Uhr dreißig.
Private:	17.30:	halb sechs (Uhr).
Official:	16.15:	sechzehn Uhr fünfzehn.
Private:	16.15:	Viertel nach vier (Uhr).
Official:	17.45:	siebzehn Uhr fünfundvierzig.
Private:	17.45:	Viertel vor sechs (Uhr).

Wörter
Vocabulary

die Abfahrt	*departure*	ich bleibe	*I stay (am staying)*
die Ankunft	*arrival*	ich brauche	*I need*
der Bahnhof/-höfe	*station*	ich fahre (ä)	*I go, I travel*
der Bahnsteig	*platform*	ich finde	*I find*
das Expreßgut	*express goods*	ich halte (ä)	*I stop*
die Fahrkarte/n	*ticket*	ich möchte	*I want, I would like*
das Fundbüro	*lost property office*	ich schließe	*I close*
das Büro/s	*office*	ich sehe (ie)	*I see*
die Geige/n	*violin*	ich stehe	*I stand*
das Gepäck	*luggage*	einsteigen	*to get in (board*
die Gepäck-	*luggage office (Am.*		*a train)*
aufbewahrung	*baggage room)*	überschreiten	*to cross, to step*
das Gleis/e	*track*		*over*
die Gleise	*rails*		
der Schalter/—	*ticket office,*	schnell	*quick, hurry up*
	counter	verboten	*forbidden*
die Tür/en	*door*	wohin?	*where (to)?*
der Zug/Züge	*train*	zurück	*back*
der Schnellzug	*express train*		
die Zuschlags-	*supplementary*		
karte/n	*ticket*		

Wendungen
Phrases

Achtung!	*Attention (please)!*	Moment!	*Just a moment!*
Hallo!	*Heh!*	Vorsicht!	*Be careful!*
Halt!	*Stop!*	Das ist verboten!	*That is forbidden!*

A *Insert the right verb.*
1. — dieser Zug nicht nach Hamburg?
2. Nein, dieser Zug — nicht nach Hamburg.
3. Dieser Zug — von Hamburg!
4. Jetzt — der Zug hier in München.

B *Complete the sentences* (in, nach, von).
1. Fährt dieser Zug — München?
2. Nein, dieser Zug fährt nicht — München; er fährt — Berlin.
3. Kommt dieser Zug — Hamburg?
4. Ja, dieser Zug hier kommt — Hamburg.
5. Der Zug dort kommt — Berlin.
6. Bleibt dieser Zug — München?
7. Nein, dieser Zug fährt — Frankfurt.
8. Hält der Zug auch — Rothenburg?
9. Ja, der Zug hält — Rothenburg und — Frankfurt.
10. Wie lange sind Sie schon — München?
11. Ich bin schon 2 Jahre — München.
12. Bleiben Sie immer — München?
13. Nein, ich studiere und arbeite — München.

C *Form the right answers.*
1. Wo fährt dieser Zug hin? — München.
2. Wo möchten Sie hin? — Schalter (Bahnsteig).
3. Wohin fahren Tim und Pierre? — Hamburg.
4. Wo muß Suma jetzt hin? — — Universität.
5. Wo gehst du hin? — Bahnsteig.
6. Wohin gehen Sie? — — Vorlesung.

D *Form the questions.*
1. — — — — — ? Ja, dieser Zug hält in Rothenburg.
2. — — — — — — — ? Ja, ich fahre im nächsten Jahr nach Deutschland.
3. — — — — — — ? Nein, das ist nicht der Zug nach Hamburg.
4. — — — — — — — ? Ja, der Zug nach Hamburg steht auf Gleis 13.
5. — — — — — ? Ja, Tim geht jetzt zum Essen!
6. — — — — ? Ja, ich studiere in Frankfurt!
7. — — — — ? Nein, Pierre geht nicht in die Uni!
8. — — — — ? Ja, ich gehe jetzt zum Fundbüro.

E *Add the possessive pronoun.*
0. Hier bin ich, und hier ist **mein** Gepäck!
1. Da ist Tim, und da ist — Gepäck!
2. Hier sind wir, und hier ist — Gepäck!
3. Herr Ricardo, ist das — Gepäck?
4. Ricardo: Ja, das ist — Gepäck.

F *Add the possessive pronoun.*
1. Ist das Ihre Fahrkarte? (Aki)   Nein, das ist nicht — Fahrkarte.
2. Ist das dein Freund? (Tim)   Ja, das ist — Freund.
3. Ist das sein Gepäck?   Nein, das ist nicht — Gepäck.
4. Ist das Ihr Gepäck, Herr Ricardo?   Nein, das ist nicht — Gepäck.
5. Ist das Ihr Gepäck? (Tim und Pierre) Ja, das ist — Gepäck.

G *Write the basic word with its article.*
0. Hörsaal
   Der Saal
1. Mineralwasser   4. Fundbüro
   — —   — —

2. Fahrkarte   5. Zuschlagskarte
   — —   — —

3. Schnellzug   6. Kalbsschnitzel
   — —   — —

Ich möchte zum Olympia=Stadion

I want to go to the Olympia Stadium

Mr. Ricardo is attending a congress in Berlin. However, the football match (Am. game) in the Olympia Stadium seems to interest him more than the congress. A team from his home country is playing there. He leaves the congress and asks the hostess:

H = *Hostess;* P = *Policeman;* S = *Sausage Seller;* R = *Ricardo*

R	Entschuldigen Sie!	Excuse me!
H	Ja bitte?	Yes, sir?
R	Ich möchte zum Fußballspiel!	I want to go to the football match (*Am.* game)!
	Ist es weit?	Is it far?

The hostess shows him on a map of Berlin.

H	Hier hält der Bus zum Olympia-Stadion:	The bus for the Olympia Stadium stops here —
	hier müssen Sie umsteigen.	you have to change here.
R	Umsteigen?	Change?

H	Sie können auch die U-Bahn nehmen.	You can also take the underground (*Am.* subway).
R	Ist es sehr weit?	Is it very far?
H	Sehen Sie: Hier sind wir, und hier ist das Olympia-Stadion.	Look: We are here, and here is the Olympia Stadium.
R	Das ist nicht sehr weit. Kann ich auch zu Fuß gehen?	That is not very far. Can I go on foot, too?
H	Sie können auch zu Fuß gehen, es ist ja nicht weit.	You can also walk, it isn't very far.
	Gehen Sie erst links, dann rechts, dann geradeaus!	First go to the left, then to the right, then straight ahead.

On the way Mr. Ricardo overlooks the red light at the crossroads.

P	Vorsicht! Rot! Sie müssen warten!	Careful! Red! You must wait.
R	Entschuldigung! Ja, ich muß warten.	Excuse me! Yes, I must wait.
P	Jetzt ist es grün; jetzt dürfen Sie gehen!	Now it is green; you can go now.
R	Jetzt darf ich gehen!	Now I can go.

Mr. Ricardo wants to be sure and asks the way again.

R	Wie komme ich zum Olympia-Stadion?	How do I get to the Olympia Stadium?
S	Zu Fuß?	On foot?
R	Ja, ich möchte zu Fuß gehen.	Yes, I would like to walk.
S	Gehen Sie die erste Straße geradeaus, dann links, dann rechts!	Go straight down the first street, then to the left, then to the right.

Now he seems to be going the wrong way after all.

W = *Woman;* B = *Bus Conductor;* N = *Newspaper Seller;* T = *Taxi Driver*

R	Wie komme ich am schnellsten zum Olympia-Stadion?	Which is the quickest way to the Olympia Stadium?
P	Da drüben hält der Bus!	The bus stops over there.
	Der Bus fährt zum Olympia-Stadion. Nr. 32!	The bus goes to the Olympia Stadium. No. 32.

What a pity, the bus is just pulling away. But a second one is coming.

B	So bitte, rasch einsteigen!	Get aboard quickly please.
	Die Fahrscheine bitte!	Tickets please!
R	Ich möchte zum Fußballspiel!	I want to go to the football match (*Am.* game).

B	Zum Olympia-Stadion?	To the Olympia Stadium?
R	Ja!	Yes.
B	Der Bus fährt nicht zum Olympia-Stadion.	This bus doesn't go to the Olympia Stadium.
R	Bitte, Nr. 32!	Pardon, No. 32.
B	Nein, nein, das ist Nr. 23!	No, no, this is No. 23.
R	Oh!	Oh!
B	Sie müssen aussteigen!	You must get out.
R	Entschuldigen Sie, ich muß aussteigen.	Excuse me, I must get out.

Alone on the street again he asks a newspaper seller.

R	Entschuldigung, ich möchte zum Olympia-Stadion.	Excuse me, I want to get to the Olympia Stadium.
N	Hier ist die U-Bahn-Station!	Here is the underground (*Am.* subway) station.

Mr. Ricardo has lost a lot of time. Now he has taken a taxi.

R	Hallo, Taxi, ich möchte schnell zum Olympia-Stadion.	Heh! Taxi! I want to get to the Olympia Stadium quickly.
T	Zum Fußballspiel?	To the football game?
R	Ja, wie steht das Spiel?	Yes, how is the game going?
T	2 zu 1 für Santos!	2:1 for Santos!
R	Bitte, fahren Sie schneller!	Please drive faster.
T	Ich darf nicht schneller fahren!	I'm not allowed to drive faster.
R	Warum halten Sie?	Why are you stopping?
T	„Umleitung!" Das Fußballspiel!	"Detour." The football game.
R	Wieviel?	How much?
T	4 Mark 40!	4 marks 40.
R	Bitte, 5 Mark!	Here, 5 marks.
T	5 Mark? Ich kann nicht herausgeben!	5 marks? I've got no change.
R	Ja, bitte, bitte!	All right, all right.

When Mr. Ricardo enters the stadium, the game is just ending. Result: 2:2. The stadium empties. Then Mr. Ricardo kicks the ball into the goal himself, and the scoreboard suddenly shows 3:2 for Santos.

1.

Ich möchte	zu Fuß gehen.	*The modal verb forms*	**Pers.**
Sie müssen	warten!	*the personal form.*	**form**
Ich muß	warten.		
Jetzt dürfen Sie	gehen.	*The main verb is at the end*	
Jetzt darf ich	gehen.	*as a complement.*	**(C)**
Kann ich	zu Fuß gehen?		
Sie können	zu Fuß gehen!	*The infinitive at the end*	**Inf.**
Personal form	*Infinitive*	*always has the ending* **-en.**	**-en**

2.

Ich (er, es, sie) möchte; **du** möchtest; **wir (Sie, sie)** möchten:

Modal verbs: 1st and 3rd persons (S) have the same form.
The third person (S) without **-t** *like the first.*

-e
-est
-en

3.

Ich/ er muß	u	wir/ Sie müssen	ü	**Modal**
Ich/ er darf	a	wir/ Sie dürfen	ü	**verbs**
Ich/ er kann	a	wir/ Sie können	ö	

1st and 3rd persons have the same form: without ending.
These modal verbs change the vowel in the plural.

4.
Verbs are always given in the infinitive.
The most important verbs so far with special features:

arbeiten (et)	essen	essen (i)	fahren (ä)	haben	**Present**
finden (et)	heißen	geben (i)	halten (ä)	sein	**Conju-**
kosten (et)	lesen	nehmen (i)			**gation**
mieten (et)	schließen	lesen (ie)			
vermieten (et)	(du heißt)	sprechen (i)			
Cf. 3/1	*Cf. 6/1*	*Cf. 5/9*	*Cf. 6/4*	*Cf. 4/1*	
er mietet	du heißt	er spricht	er fährt		
		sprich!	fahre!		

5.

Ist es weit?		Ist es sehr weit?	**(C)**
Ist es noch weit?		Ist es noch sehr weit?	

6.

Warum halten Sie?	warum? *asks for the reason.*	**warum?**

A: Warum geht Herr Ricardo in ein Restaurant?
B: Er hat eine Verabredung!

A: Warum gehen Tim und Pierre zum Bahnhof?
B: Sie möchten nach Hamburg fahren.

A: Warum hält der Bus hier nicht?
B: Ich weiß nicht.

Always answer like this, in simple principle clauses!

7.

Wie komme ich zum Olympia-Stadion?   **wie?**
Wie steht das Spiel?   Wie lange dauert das Spiel?
Wie geht es Ihnen?   Wie spät ist es?

8.

Ricardo: **Wieviel?**   *Taxi driver:* 4 Mark 40! **wieviel?**
          Wieviel kosten die Blumen?   20 Mark!
          Wieviel Uhr ist es?   12 Uhr.
Um wieviel Uhr haben Sie Ihre Verabredung? Um 8 Uhr.

9.

Das Taxi fährt **schnell.**
Fahren Sie **schneller!**
Wie komme ich am **schnellsten** zum Olympia-Stadion?

Numbers:

Nr. 32 (Nummer zweiunddreißig)	*The digits are always read*	
Nr. 23 (Nummer dreiundzwanzig)	*before the tens! Ending:* **-zig.**	

20 (zwanzig);   40 (vierzig);   60 (sechzig);   80 (achtzig);   **-zig**
30 (dreißig);   50 (fünfzig);   70 (siebzig);   90 (neunzig)

Wörter
Vocabulary

der Bus/se	*bus*	das Taxi/s	*taxi*
das Stadion/ Stadien	*stadium*	die U-Bahn/en	*underground (railway) (Am. subway)*
die Station/en	*station*		
die Haltestelle/n	*stop*	der Fahrschein/e	*ticket*

die Nummer/n	number	müssen (u)	to have to
die Straße/n	street, road		(do something)
die Straßen-	tram	aussteigen	to get out
bahn/en,		umsteigen	to change
die Tram		herausgeben	to give change
die Umleitung/en	detour		
das Fußballspiel/e	football match	erst	first
	(Am. football	grün	green
	game)	rot	red
das Spiel/e	game, match	rasch (schnell)	fast (quick)
der Fußball/-bälle	football	weit	far
der Ball/Bälle	ball		
der Fuß/Füße	foot	dann	then
		geradeaus	straight ahead
dürfen (a)	to be permitted	links	left
können (a)	to be able	rechts	right
		wie?	how?

Wendungen
Phrases

Erst links, dann rechts!	First left, then right!
Die erste Straße links.	The first street on the left.
Die nächste Straße rechts.	The next street on the right.
Wie steht das Spiel?	How is the game going?
Wie komme ich zum Hotel?	How do I get to the hotel?
Ich gehe zu Fuß.	I am going on foot.

Übungen und Aufgaben
Exercises

A *Make one sentence out of two.*

0. Ich **begleite** Sie; darf ich?
0. Darf ich Sie begleiten?
0. Ich gehe heute nicht zum Essen; ich kann nicht.
0. Ich kann heute nicht zum Essen gehen.
1. Ich komme heute; darf ich?
   — — — — ?
2. Herr Ricardo geht jetzt nicht über die Straße; er darf jetzt nicht.
   — — — — — — — — — .

3. Wir gehen jetzt; dürfen wir?
   — — — — ?
4. Pierre fährt heute nicht nach Berlin; er kann nicht.
   — — — — — — — .
5. Ich fahre nicht schneller; ich darf nicht.
   — — — — — .
6. Aki nimmt das Zimmer nicht; er kann nicht.
   — — — — — — .

B *Form the appropriate questions.*

0. Muß ich jetzt aussteigen?	Ja, Sie müssen jetzt aussteigen.
1. — — — — — — — ?	Ja, Sie dürfen um 4 Uhr kommen.
2. — — — — — — ?	Ja, Sie können diese Straßenbahn nehmen.
3. — — — — — — — ?	Ja, Sie können noch ein Foto machen.
4. — — — — — — ?	Ja, Sie müssen ein Praktikum machen.
5. — — — — — — ?	Ja, Sie können hier Deutsch lernen.
6. — — — — — — ?	Ja, Sie dürfen Professor Müller sprechen.

C *Complete the answers.*

0. Möchten Sie jetzt zahlen?	Ja, wir möchten jetzt zahlen.
1. Dürfen Sie heute Wein trinken?	Ja, ich — — — — .
2. Müssen Sie jetzt umsteigen?	Ja, wir — — — — .
3. Dürfen Sie nicht schneller fahren?	Nein, ich — — — — — .
4. Darf ich jetzt gehen?	Ja, Sie — — — — .
5. Möchten Sie essen und trinken?	Ja, ich — — — — .
6. Können wir auch zu Fuß gehen?	Ja, Sie — — — — — .

D *Ask:* wo, wohin; um wieviel Uhr, wann; wie lange; was.

0. **Wo** muß ich umsteigen?	**In Rothenburg** müssen Sie umsteigen.
0. **Wann** kann ich das Zimmer mieten?	**Im Sommer** können Sie das Zimmer mieten.
1. — — — — ?	**20 Mark** müssen Sie bezahlen.
2. — — — — — ?	Sie müssen jetzt **in die Uni** fahren.
3. — — — — ?	Sie müssen **zum Schalter** gehen.
4. — — — — ?	Das kann **20 Mark** kosten.
5. — — — — — — ?	**Im nächsten Jahr** möchte ich nach Deutschland fahren.
6. — — — — ?	**Hier** können Sie schreiben.
7. — — — — — — ?	Sie müssen noch **2 Stunden** warten.
8. — — — — — ?	**Hier** können Sie Platz nehmen (*1 P.*).
9. — — — — — ?	Sie können **2 Tage** bleiben (*1 P.*).
10. — — — — — ?	**Dort** kannst du dein Gepäck holen!

Jetzt ist Unterricht!

It is lesson-time now

Aki is learning German at the Goethe Institute. Today lessons are being held in the language laboratory. The pupils repeat the sentences they hear, and see the corresponding pictures.

V = *Voice*; Te = *Teacher*; A = *Aki*; Pu = *Various Pupils*

Te Wir machen jetzt eine Übung.	We will now do an exercise.
„Die Jahreszeiten in Deutschland."	"The Seasons in Germany."
V Bitte, wiederholen Sie die Sätze:	Please repeat the sentences:
Es ist Frühling; jetzt blühen die Bäume.	It is spring; now the trees are blossoming.
Es ist Sommer; jetzt baden die Leute.	It is summer; now people go bathing.
Es ist Herbst; jetzt fallen die Blätter.	It is autumn (*Am.* fall); now the leaves are falling.
Es ist Winter; jetzt laufen die Leute Schi.	It is winter; now people go skiing.

After the students have repeated all these sentences individually, they are given the task of forming two sentences into one.

V Bitte, machen Sie aus zwei Sätzen einen Satz! Zum Beispiel: Es ist Frühling; jetzt blühen die Bäume. Im Frühling blühen die Bäume. Es ist Sommer; jetzt baden die Leute.	Please make one sentence out of two. For example: It is spring; now the trees are blossoming. In spring the trees blossom. It is summer; now people go bathing.
Pu Im Sommer baden die Leute.	In summer people go bathing.
V Es ist Herbst; jetzt fallen die Blätter.	It is autumn (*Am.* fall); now the leaves are falling.
Pu Im Herbst fallen die Blätter.	In autumn (*Am.* fall) the leaves fall.
V Es ist Winter; jetzt laufen die Leute Schi.	It is winter; now people go skiing.
Pu Im Winter laufen die Leute Schi.	In winter people go skiing.
Te Danke, das ist alles für heute. Öffnen Sie die Fenster.	Thank you, that's all for today. Open the windows.

Pu Jetzt ist Sommer! Jetzt baden die Leute! Und wir?	Now it is summer! Now people go bathing! And us?
Te Wir lernen Deutsch! Aber nicht im Zimmer, sondern im Freien!	We are learning German. Not in a room, but in the open air.

In the garden a pupil plays the part of the teacher.

Te Jetzt sind Sie der Lehrer!	Now you are the teacher.
Pu Ich sage die Jahreszeit, und Sie sagen die drei Monate! Also: Der Sommer?	I will say the season, and you say the three months. All right! Summer?
Pu Juni, Juli, August.	June, July, August.
Pu Richtig! Der Herbst?	Correct! Autumn (*Am.* fall)?
Pu Der Herbst hat drei Monate.	Autumn has three months.
Pu Jaja, aber sagen Sie die drei Monate! Bitte, wie heißen die drei Monate?	Yes, yes, but say the three months. What are the names of the three months please?
A September, Oktober, November!	September, October, November.

Now another pupil steps out in front of the class.

Pu Bitte, ich bin jetzt der Lehrer! Ich mache ein Spiel!	Please, I am your teacher. I will play a game.
Te Ein Spiel? Jetzt ist Unterricht!	A game? It is lesson-time now.
Pu Ich mache ein Spiel im Unterricht! Ich sage den Monat, und Sie sagen die Jahreszeit. Also: Februar?	I will play a game in the lesson. I will say the month and you say the season. All right: February?

Pu	Frühling!		Spring!
A	Nein, Winter!		No, winter!

Pu Frühling!   Spring!
A   Nein, Winter!   No, winter!
Pu Richtig, der Februar ist im Winter!   Correct, February is in the winter.
    Dezember, Januar, Februar sind   December, January and February are
    im Winter!   in the winter.
    Danke, der Unterricht ist zu Ende!   Thank you, the lesson is over.
Te Ja, richtig, der Unterricht ist aus.   Yes, that's right, the lesson is over.
Pu Jetzt machen wir ein Spiel!   Now we'll play a game.

The pupils dash out to the meadow for a tug-o'-war. Aki's craftiness helps his side to gain an undeserved victory.

> ### Wie sagt man auf deutsch?
> *How do you say it in German?*

1.

Hier ist ein Satz.	Satz *is the subject (nominative)*	
Machen Sie einen Satz!	Satz *is the object (accusative)*	**einen**
der Monat	*Subject (nominative)*	
Sagen Sie den Monat!	*Object (accusative)*	**den**

Many verbs (and prepositions) take the accusative: **-en**

2.

Ich **besuche** meinen Freund.	(der Freund)	**Verbs**
Heute **haben** wir keinen Unterricht.	(der Unterricht)	**and prep-**
Bitte, **schreiben** Sie Ihren Namen!	(der Name)	**ositions**
Hat er seinen Fahrschein?	(der Fahrschein)	**with the**
Sehen Sie diesen Baum?	(der Baum)	**accusa-**
Deutsch ist leicht, **für** unseren Lehrer!	(der Lehrer)	**tive**

*Only masculine nouns have a special form for the accusative (**-en**).*

3.

Wann baden die Leute?	Im Sommer.	*Period*	**im**
Ich mache ein Spiel, ein Spiel . . . . . . im Unterricht.			
Wann ist der Unterricht zu Ende?	Um 12 Uhr.	*Point of*	
Wann spielen wir Fußball?	Um 3 Uhr.	*time*	**um**
Wann ist Unterricht?	Jetzt (ist Unterricht)!	*Adverb*	
Wann gehen Sie zum Essen?	Mittags.	*of time*	**heute**
Wo findet der Unterricht statt?	Im Zimmer.		
Wo spielen die Studenten Fußball?	Im Freien.		
Wo liest Professor Müller heute?	Im Hörsaal 220.	*Location*	**im**

4.

Kommen Sie! **Gibt** es hier Postkarten? **Sprechen** Sie Deutsch?	*Only in the imperative with* **Sie** *and in questions without an inter-* *rogative is the personal form at* *the beginning.*

(C)

5.

In all other sentences the personal form takes second place.

Interrogative	Personal form	Rest of sentence
Was	studieren	Sie?
Wo	hält	der Bus?
Wie	geht	es Ihnen?
Um wieviel Uhr	fährt	Ihr Zug?

Subject	Personal form	Rest of sentence
Dieser Bus	fährt	nicht zum Bahnhof.
Es	gibt	Bier und Limonade.
Es	ist	heiß.
Herr Berger	kommt	nicht.
Wir	lernen	Deutsch.
Die Leute	gehen	zum Baden.

Object	Personal form	Rest of sentence
Diesen Bus	müssen	Sie nehmen.
Diesen Satz	möchte	ich schreiben.
Das	weiß	ich nicht.
Mir	geht	es gut.

Initial phrase	Personal form	Rest of sentence
Jetzt	ist	Unterricht!
In München	halten	alle Züge!
31 Mark	kostet	die Fahrkarte.
8 Stunden	dauert	die Reise.
Im Winter	laufen	die Leute Schi.
Zum Schalter	mußt	du gehen!

6.

Nicht im Zimmer, sondern im Freien!
Ich heiße nicht Tim, sondern Aki!
Es gibt nicht fünf, sondern vier Jahreszeiten.

sondern

der Baum/Bäume	*tree*	der April	*April*
das Blatt/Blätter	*leaf*	der Mai	*May*
das Fenster/—	*window*	der Juni	*June*
die Leute	*people*	der Juli	*July*
die Schi	*ski*	der August	*August*
der Lehrer/—	*teacher*	der September	*September*
der Satz/Sätze	*sentence*	der Oktober	*October*
die Übung/en	*exercise*	der November	*November*
der Unterricht	*lesson*	der Dezember	*December*
die Jahreszeit/en	*season*		
der Frühling	*spring*	baden	*to bathe*
der Sommer	*summer*	blühen	*to blossom*
der Herbst	*autumn* (Am. *fall*)	fallen (ä)	*to fall*
der Winter	*winter*	laufen (äu)	*to run*
		öffnen	*to open*
der Januar	*January*	sagen	*to say*
der Februar	*February*	spielen	*to play*
der März	*March*	wiederholen	*to repeat*

Wendungen
Phrases

Zum Beispiel (z. B.)	*For example (e. g.)*	Im Freien	*In the open air*
Ist das alles?	*Is that all?*	Das ist alles.	*That is all.*

Übungen und Aufgaben
Exercises

A *Complete the sentences.*

0.   Hier ist **der** Fahrschein.
    Bitte, nehmen Sie **den** Fahrschein!
1.   Hier ist Ihr Fahrschein.
    Bitte, nehmen Sie — Fahrschein!
2.   Dort ist der Portier.
    Fragen Sie — Portier!
3.   Dort steht Ihr Bus.
    Sehen Sie — Bus?

4.   Ist hier kein Schalter?
Nein, es gibt hier — Schalter.
5.   Wo ist mein Ball?
Hast du — Fußball?

B *Insert* ein, eine, einen.
1.   Ich hole — Sessel.
2.   Wir haben — Gast.
3.   Haben Sie — Fahrkarte?
4.   Ja, ich habe — Fahrschein.
5.   Hast du schon — Zimmer?
6.   Warten Sie — Augenblick!

C *Insert* den, das, die.
1.   Sehen Sie — Baum dort?
2.   Nehmen Sie — Bus!
3.   Wir nehmen — Zug nach München.
4.   Möchten Sie — Spiel sehen?
5.   Nimm — Fahrkarte!
6.   Sprechen Sie — Satz zweimal!

D *Insert the right article.*
1.   Machen Sie aus zwei Sätzen — Satz!
2.   Sehen Sie — Schalter dort?
3.   Ich möchte — Fahrkarte nach Rothenburg.
4.   Bitte, warten Sie — Augenblick!
5.   Fragen Sie — Portier!
6.   Wir nehmen — Schnellzug um Viertel nach 7 (Uhr)!

E *Replace the plural with the singular.*
0.   Brauchen Sie **die Fahrscheine** noch?
0.   Brauchen Sie **den Fahrschein** noch?
1.   Wir begleiten die Gäste nach Hause.
Wir begleiten — — nach Hause.
2.   Möchten Sie die Postkarten haben?
Möchten Sie — — haben?
3.   Spricht er die Sätze richtig?
Spricht er — — richtig?
4.   Darf ich jetzt die Fenster öffnen?
Darf ich jetzt — — öffnen?
5.   Die Reise dauert zwei Monate.
Die Reise dauert — — .

F *Insert the missing words.*
0.   Möchten Sie **diesen** Platz dort?   Nein, ich nehme **diesen** Platz hier!
1.   Ich begleite meinen Freund.   Er begleitet — — .

2. Haben Sie Ihren Platz?	Ja, ich habe — — .	
3. Sehen Sie Ihren Zug?	Ja, wir sehen — — .	
4. Hast du einen Fahrschein?	Ja, ich habe — — .	
5. Haben Sie auch einen Fahrschein?	Nein, ich habe — — .	

G *Insert what is missing.*

1.	Öffnen Sie bitte	—	Fenster!
2.	Wir machen	—	Reise.
3.	Tim macht	—	Foto.
4.	Nimm	—	Zug um 3 Uhr!
5.	Er sagt	—	Jahreszeit.
6.	Wir sagen	—	3 Monate.
7.	Hast du schon	—	Fahrschein?
8.	Sie müssen	—	Stunde warten!
9.	Ich warte schon	—	Monat!
10.	Gibt es hier k—		Bier?
11.	Gibt es hier k—		Limonade?
12.	Gibt es hier k—		Schalter?
13.	Gibt es hier k—		Speisenkarte?
14.	Die Reise dauert	—	Stunde.
15.	Diese Reise dauert	—	Tag.
16.	Ich lerne schon	—	Jahr Deutsch.
17.	Ich habe leider k—		Zimmer frei.
18.	Er begleitet	—	Freund nach Hause.

H (a) *Answer questions 1—6 as indicated under (b) below.*

0. Wie viele Jahreszeiten gibt es?
1. Wie viele Jahreszeiten gibt es in Deutschland?
2. Wie heißen die vier Jahreszeiten?
3. Wie viele Stunden hat ein Tag?
4. Wann blühen die Bäume in Deutschland?
5. Wann laufen die Leute in Deutschland Schi?
6. Wann beginnt der Unterricht?

(b)

	1. Initial phrase	2. Verb	3. Rest of sentence
0.	Es	gibt	vier Jahreszeiten.
1.	In Deutschland	—	— — — .
2.	Die vier Jahreszeiten	—	— — — .
3.	Ein Tag	—	— — .
4.	In Deutschland	—	— — — .
5.	Im Winter	—	— — — — .
6.	Der Unterricht	—	— — — .

I *Insert the missing words and read the sentences aloud.*

		Verb	
Pierre:	Wir	machen	**heute** im Freien ein Spiel!
Tim:	Wann	machen	wir ein Spiel?
Pierre:	— !		
Aki:	Was	machen	wir heute?
Pierre:	— — !		
Suma:	Wo	machen	wir heute ein Spiel?
Pierre:	— — !		

Wo ist meine Brieftasche?

Where is my wallet?

Tim and Pierre are staying in the same hotel as the magician Moreno. When they try to buy tickets for the magician's evening performance from the hotel receptionist, they find, instead of their wallets, instructions to go to Room 217. Moreno, who has just arrived in the hotel, had been up to his tricks . . .

T = *Tim*; P = *Pierre*; R = *Receptionist*; M = *Moreno*

P (*liest*) „Moreno, der größte Zauberer der Welt" — heute abend? (*Zum Portier*) Bitte, haben Sie Karten für die Vorstellung heute abend?
R Ah, für Moreno, den Zauberer?
P Ja!
R Ja, ich habe Karten. Möchten Sie Plätze zu 10 Mark, zu 5 Mark oder zu 3 Mark?

(*reads*) "Moreno, the greatest magician in the world" — this evening? (*To the porter*) Have you any tickets for the performance this evening please?
Ah, for Moreno, the magician?
Yes.
Yes, I have some tickets. Would you like seats for 10 marks, 5 marks or 3 marks?

71

At this moment Moreno arrives, counts his luggage, and asks for his room under the pseudonym "Maier".

M = *Maier*

M Einen Augenblick! 1, 2, 3, 4, 5, 6, 7; Vorsicht! Ich möchte das Zimmer für Maier.	Just a moment! 1, 2, 3, 4, 5, 6, 7. Careful! I want the room for Maier.
R Für Maier? Ist das Zimmer bestellt?	For Maier? Has the room been booked?
M Ja, das Zimmer ist bestellt. Ich habe es gestern bestellt. Ich habe gestern telefoniert.	Yes, the room has been booked. I booked it yesterday. I telephoned yesterday.
R Ja, richtig! Möchten Sie bitte den Schein ausfüllen?	Yes, that's right. Would you fill up (*Am.* fill out) the form, please?
M Ah ja, die Anmeldung. Ich habe doch ein Einzelzimmer mit Bad?	Oh yes, the registration. I have a single room with bath, haven't I?
R Natürlich! Ein Einzelzimmer mit Bad.	Of course, a single room with bath.

Tim and Pierre want to buy two tickets at five marks each.

R So, zwei Karten zu fünf Mark, das macht zehn Mark bitte.	Here, two tickets at five marks, that makes ten marks please.
T Wo ist meine Brieftasche?	Where is my wallet?
P Und wo ist meine Brieftasche? Vor fünf Minuten habe ich meine Brieftasche noch gehabt!	And where is my wallet? I still had my wallet five minutes ago.
T Ich auch! Was ist das?	So did I. What is this?
P (*liest den Zettel*) „Kommen Sie um 19 Uhr auf Zimmer 217!" Wer wohnt auf Zimmer 217?	(*reads the note*) "Come to Room 217 at 7 p.m." Who is in Room 217?
T Ich frage den Portier!	I'll ask the receptionist.

The receptionist is speaking to an elderly couple.

C = *Couple*

C Ein Doppelzimmer!	A double room.
R Ein Doppelzimmer mit Bad oder ohne Bad?	A double room, with bath or without bath?
C Ein Doppelzimmer mit Bad!	A double room with bath!

Moreno comes down from his room to the receptionist.

M Wo kann ich schnell telefonieren?   Where can I telephone?
R Dort sind Telefonzellen!   There are the telephone booths.
M *(liest)* Hörer abnehmen,   *(reads)* Lift the receiver,
   zwei 10-Pfennig-Stücke einwerfen,   insert two 10-pfennig pieces,
   dann wählen!   then dial.

The couple, sitting in their room, hear a shot and call the receptionist.

C Ein Schuß!—Ich rufe den Portier an: A shot!—I'll phone the receptionist.
   Hallo, Portier, wir haben einen   Hullo, reception, we heard a shot.
   Schuß gehört! Da! Noch ein Schuß!   There! Another shot.
R Ich komme sofort!   I'll come at once.

In Moreno's room they all recognize the famous magician.

Moreno.   Moreno.
Entschuldigen Sie!   Excuse me!

Meanwhile Tim and Pierre have also got to know Moreno.

M Bitte, treten Sie ein!   Please come in.
   Sie suchen Ihre Brieftaschen, nicht   You are looking for your wallets,
   wahr?   aren't you?
P Unsere Brieftaschen, ja!   Our wallets, yes.
M Gehen Sie zum Portier und ver-   Go to the receptionist and ask for
   langen Sie Ihre Brieftaschen!   your wallets.

P *(zum Portier)* Sie haben meine   *(to receptionist)* You have got my
   Brieftasche!   wallet.
T Ja, Sie haben auch meine Brief-   Yes, you've got my wallet, too.
   tasche!

Astounded the receptionist pulls them out of his pockets.

T Was ist das?   What is that?
M Das sind Eintrittskarten für meine   Those are tickets for my
   Vorstellung heute abend. Ich lade   performance this evening. I'm
   Sie alle ein!   inviting all of you.

1.

Möchten Sie ein Zimmer bestellen?	bestell**en** *is the infinitive.*	**Part.**
Ist das Zimmer schon bestellt?	bestell**t** *is the participle.*	**-t**
Ja, das Zimmer ist bestellt!	**-t** *is the ending.*	

2.

Ich **habe** das Zimmer **bestellt.**	**haben** + *Part.* = *Perfect.*	**Perf.**
Ich **habe** es gestern **bestellt.**		

3.

Ich habe gestern . . . . . . telefoniert.	telefoniert
	telefon**ieren**
Ich habe meinen Freund . . besucht.	besucht
	be**such**en
But note carefully:	
Wir haben einen Schuß . . . gehört.	gehört
	hören
Vor fünf Minuten habe ich	**ha**ben
meine Brieftasche noch . . . gehabt.	gehabt

hören *and* **haben** *have the stress on the first syllable;* | **Part.**
their participles have the prefix **ge-.** | **ge- -t**

4.

Ich habe bestellt.
Wir haben Kaffee bestellt.
Ich habe für meinen Freund Kaffee bestellt.
Er hat vor 5 Minuten für seinen Freund Kaffee bestellt.

In the perfect the participle is always at the end (2nd part
of predicate). | **(C)**

5.

Ich möchte lernen.
Ich möchte Deutsch lernen.
Ich möchte mit Tim Deutsch lernen.
Ich möchte im nächsten Jahr mit Tim Deutsch lernen.
Ich möchte im nächsten Jahr mit Tim in Deutschland Deutsch lernen.

In modal verbs the infinitive is also always at the end. | **(C)**
(Cf. 7/1)

6.

Wer wohnt auf Zimmer 217?	**wer** *asks about a person!*	**wer?**
Wer hat meine Brieftasche?	*(Subject)*	

7.

Wer ist das? Das ist Moreno, **der Zauberer.**	*Person*	
Was ist das? Das ist meine **Brieftasche!**	*Thing* } *(Subject)*	**was?**

8.

Wen fragen wir?	Wir fragen **den** Portier.	*Persons*	**wen?**
Wen besuchen Sie?	Wir besuchen **unseren** Freund.	*as*	
Für **wen** möchten Sie zahlen?	Für **meinen** Freund!	*objects*	

The interrogative for persons, **wer?**, *also has an accusative form.*

9.

Ein Zimmer	mit Bad	oder ein Zimmer	ohne Bad?	**mit**
Schnitzel	mit Salat	oder	ohne Salat?	**oder**
	mit	oder	ohne	**ohne**

10.

Zwei Karten zu fünf Mark: das macht zehn Mark. **zu**

11.

Vor fünf Minuten habe ich meine Brieftasche noch gehabt. **vor**
(Cf. 5/4)

12.

Kommen Sie auf Zimmer 217! Wer wohnt auf Zimmer 217? **auf**
(Cf. 6/13)

13.

Sind Sie Herr Moreno?	Das bin ich!	**das**
Sind Sie **der** Herr aus Hamburg?	Ja, der bin ich!	**der**

14.

Die Vorstellung heute abend	beginnt um 8 Uhr.	**Subj.**
Ein Zehn-Pfennig-Stück	einwerfen.	
	(Cf. 8/5)	

This is the same as one word.

15.

Numbers:

Zimmer 217 (zweihundertsiebzehn)	*Digits are read before*
	the tens.

217

die Anmeldung/en	*registration*	abnehmen	*to lift, take off*
das Bad/Bäder	*bath*	anrufen	*to telephone*
das Doppel- zimmer/—	*double room*	ausfüllen	*to fill up (Am. to fill out)*
das Einzel- zimmer/—	*single room*	einladen	*to invite*
das Hotel/s	*hotel*	eintreten	*to enter*
der Paß/Pässe	*passport*	einwerfen	*to insert*
der Portier/s	*receptionist*	bestellen	*to book*
der Schein/e	*form*	telefonieren	*to telephone*
der Hörer/—	*receiver*	verlangen	*to ask for*
der Pfennig/e	*pfennig*	fragen	*to ask*
das Stück/e	*piece*	hören	*to hear*
das Telefon/e	*telephone*	wählen	*to dial*
das Telefonbuch/ -bücher	*telephone book*	wohnen	*to be in (a room)*
die Telefonzelle/n	*telephone booth*	alle	*all*
die Brieftasche/n	*wallet*	gestern	*yesterday*
der Brief/e	*letter*	heute abend	*this evening*
die Tasche/n	*case, pocket*	abends	*in the evening*
die Eintritts- karte/n	*ticket*	natürlich!	*of course, naturally*
der Eintritt	*entry*	nicht wahr?	*aren't you (is that not so)?*
der Schuß/Schüsse	*shot*	sofort	*at once*
die Vorstellung/en	*performance*	ohne	*without*
die Welt/en	*world*		
der Zauberer/—	*magician*	(Einen) Augen- blick!	*(Just a) Moment!*

A *Transform these sentences.*

0. Ist das Zimmer schon vermietet?   Ja, ich habe das Zimmer schon vermietet.
1. Ist der Kaffee schon bestellt?   Ja, ich — — — — — .
2. Ist die Rechnung bezahlt?   Ja, ich — — — — — .
3. Ist die Übung schon gemacht?   Ja, ich — — — — — .
4. Ist das Fenster jetzt geöffnet?   Ja, ich — — — — — .

B *Give the answers.*

0. Haben Sie telefoniert?   Ja, ich habe telefoniert.
1. Haben Sie Musik studiert?   Ja, ich — — — .
2. Wo haben Sie studiert?   Wir — in München — .
3. Was haben Sie studiert?   Wir — Musik — .
4. Wann hat Tim Hamburg besucht?   Im Mai — — — — .
5. Wer hat den Kaffee bestellt?   Suma — — — — .
6. Hast du Suma zum Essen begleitet?   Ja, ich — — — — — .

C *Give the answers.*

0. Möchten Sie telefonieren?   Nein danke, wir haben schon telefoniert.
1. Möchten Sie jetzt bestellen?   Nein danke, ich — — — .
2. Möchten Sie Berlin besuchen?   Nein danke, wir — — — — .
3. Müssen Sie noch die Fahrkarte   Nein, ich — — — — — .
    kaufen?
4. Müssen Sie den Akkusativ noch   Nein, wir — — — — — .
    lernen?
5. Mußt du noch das Examen   Nein, ich — — — — — .
    machen?
6. Holst du das Gepäck?   Ich — — — — — .
7. Fragen Sie Ihren Professor!   Ich — — — — — .

D *Use the word printed in bold type in the answer.*

1. Haben Sie ein Einzelzimmer oder ein **Doppelzimmer** bestellt?
Wir — — — — .
2. Haben Sie ein Zimmer **mit Bad** oder ohne Bad bestellt?
Ich — — — — — — .
3. Hast du Eintrittskarten für den Zauberer Moreno oder für das **Fußballspiel** bestellt?
Ich — — — — — — .
4. Haben Sie nach **München** oder nach Berlin telefoniert?
Wir — — — — .
5. Hat Tim mit Pierre oder mit **Suma** telefoniert?
Tim — — — — .
6. Wann hast du telefoniert, heute oder **gestern**?
Ich — — — .

E *Complete the sentences.*

0. **Dein Freund** ist da. Hast du einen Platz bestellt?
Hast du **für deinen Freund** einen Platz bestellt?
1. **Moreno, der Zauberer** ist da!
Haben Sie Karten für — — — ?
2. Heute abend ist **die Vorstellung**.
Wo sind die Eintrittskarten für — — ?

3. Um 7 Uhr fährt **der Schnellzug nach München.**
   Wo gibt es die Fahrkarten für — — — —   ?
4. Das ist **der Schrank;** was haben Sie bezahlt?
   Was haben Sie für — — —   ?
5. Hier ist **mein Freund;** wo ist der Platz?
   Wo ist der Platz für — —   ?
6. Wir machen eine **Reise;** hier ist unser Gepäck!
   Hier ist unser Gepäck für — —   !

Was ist los?

What is the matter?

Suma goes on a bathing excursion with 5 friends. The six are driving in two cars. At a fork in the road they separate. The one group, with Suma, take the shorter route to the lake; the others take the longer but better road; the two groups bet on who will arrive first.

S = *Suma*; I = *Inge*; M = *Monika*; D = *Dieter*; R = *Rolf*; P = *Peter*

M	Was ist los?	What is the matter?
S	*(liest)* 28 km — 19 km.	*(reads)* 28 km — 19 km.
D	Suma komm, wir baden in 20 Minuten!	Suma, come on, we'll be bathing in 20 minutes.
M	Suma komm, wir baden in 10 Minuten!	Suma, come on, we'll be bathing in 10 minutes.
P	Achtung, fertig, los!	Ready, steady, go.

The car with Suma reaches the first obstacle.

S	Was ist los?	What's the matter?
P	Eine Umleitung!	A detour.

S	Was hast du gesagt?	What did you say?
P	Umleitung: Wir müssen einen Umweg machen!	Detour. We have to make a detour.
S	Was hat er gesagt?	What did he say?
I	Hier, lies! „Umleitung, Bauarbeiten."	Here, read it — "Detour, road up."
P	Ja, und jetzt müssen wir einen Umweg machen.	Yes, and now we have to make a detour.

Two other obstacles are overcome; then a tire bursts.

S	Was ist denn jetzt schon wieder los?	What's the matter now?
P	Der Reifen ist kaputt!	The tire is punctured.
S	Es ist heiß!	It's hot.
M	Ich möchte baden!	I want to bathe.
I	Ich möchte auch baden!	I want to bathe, too.
S	Wir möchten alle baden!	We all want to bathe.

While the four have to overcome hunger, thirst and obstacles, Rolf and Dieter have bathed.

| R | Es wird kühl; wie spät ist es? | It is getting cool, what's the time? |
| D | Es ist kurz nach sechs. | It is a little after six. |

At this moment the others finally arrive at the lake.

R	Ihr habt lange gebraucht!	You took a long time.
D	2 Stunden, 9 Minuten, 11 Sekunden!	2 hours, 9 minutes, 11 seconds.
S	Wir haben sehr oft gewartet!	We had to wait very often.
D	Und wir haben gebadet.	And we have bathed.
R	Ja, wir haben gebadet.	Yes, we have bathed.
P	Die haben gebadet; und wir?	They have bathed; and us?
S	Und wir?	And us?
P	Wir gehen jetzt essen!	We're going to eat now.
M	O ja!	Oh yes.
P	Wir gehen jetzt Forellen essen!	We're going to eat trout now.

The good meal at the inn makes up for the missed bathe.

L = *Landlord*

M	Die Forellen sind wunderbar!	The trout are wonderful.
S	Ja, der Fisch ist wunderbar!	Yes, the fish is wonderful.
L	Schmeckt's?	Does it taste good?
I	Ja, sehr gut!	Yes, very good.
L	Das freut mich!	I'm glad.

A sudden shower drives Rolf and Dieter out of the wood.
Drenched to the skin, they seek shelter in the inn.

M Alles ist naß!	Everything is wet.
S Es regnet!	It is raining.
M Wir haben gegessen!	We have eaten!
I Und ihr habt — gebadet!	And you have — bathed.

> **Wie sagt man auf deutsch?**
> *How do you say it in German?*

1.

Hast du telefoniert?	telefo-**nie**ren →	telefo-**niert**	
Er hat den Satz wiederholt.	wieder-**ho**len →	wieder-**holt**	
Ich habe in München studiert.	stu-**die**ren →	stu-**diert**	
Ich habe ein Zimmer vermietet.	ver-**mie**ten →	ver-**mietet**	**t-et**

Here the stressed syllable is always preceded by unstressed
syllables. Frequent unstressed syllables are: **be-, ge-, zer-,**
über- *etc.*

2.

Er hat ein Zimmer gemietet.	**mie**ten	ge-mietet	
Wir haben oft gewartet.	**war**ten	ge-wartet	
Ihr habt lange gebraucht.	**brau**chen	ge-braucht	
Was hat er gesagt?	**sa**gen	ge-sagt	
Ihr habt gebadet.	**ba**den	ge-badet	**d-et**

These verbs have no unstressed first syllables.   **ge-**
Their participles take the unstressed prefix **ge-**.

3.

Du hast lange gebraucht!	*(to a friend, child, relative)*	
Ihr habt lange gebraucht!	*(to several friends, children,*	**ihr**
	relatives)	

Ihr *is the familiar form of address in the plural.*   **-t**
The ending is **-t**.

4.

Wohin gehen Sie jetzt?	Ich gehe **zum** Baden.	*Infinitive*	**(C)**
Was machen Sie jetzt?	Ich gehe **baden.**	*always at*	
Similarly:	Ich gehe **essen.**	*the end.*	
Wir **gehen** heute abend alle zusammen Forellen **essen.**			

81

5.

Es ist heiß; es geht mir gut; es regnet; es gibt Forellen; **es ...**
Es wird kühl; es schmeckt (mir) gut; es ist 1 Uhr; es kann sein **... es**
Wie geht es Ihnen? Schmeckt's? Regnet es? Gibt es heute Fisch?

6.

Was ist los?	*Read slowly!*	
Was ist jetzt los?	*The complement is*	**(C)**
Was ist jetzt wieder los?	*always at the end.*	
Was ist denn jetzt wieder los?		
Was ist denn jetzt schon wieder los?		

7.

Schmeckt's = schmeckt **es**? Schmeckt der Fisch? *(S)*
(= Ist das Essen gut?) Schmecken die Forellen? *(P)*

8.

Es ist kurz vor 6. (*e. g.* Es ist 5 Uhr 50.)

Es ist kurz nach 6. (*e. g.* Es ist 6 Uhr 10.) **kurz**

9.

Es ist kühl. Alles ist naß. *(State)* **ist**
Es wird kühl. Alles wird naß. *(Process)* **wird**

10.

Ihr habt lange gebraucht!
Von Hamburg nach München braucht der Zug 7 Stunden. **brauchen**
Ich mache eine Reise; ich brauche einen Paß, eine Fahrkarte
und Geld.

11.

Wir baden in 20 Minuten! Wir baden in 10 Minuten! (*Cf. 6/14*) **in**

Wörter
Vocabulary

die Bauarbeiten	*road up (building work)*	der Kilometer/— (km)	*kilometre*
der Fisch/e	*fish*	der Meter/— (m)	*metre*
die Forelle/n	*trout*	das Kilo/—	*kilo(gramme)*
die Schule/n	*school*	der Reifen/—	*tire, tyre*
das Schulkind/er	*schoolchild*	die Sekunde/n	*second*

der Wagen/—	car	kaputt	punctured, broken
der Heuwagen/—	hay cart	kühl	cool
der Weg/e	way	kurz	short
der Umweg/e	detour	lange	long
brauchen	to need	naß	wet
lesen (ie)	to read	wunderbar	wonderful
regnen	to rain		
werden (i)	to become	oft	often
		schon wieder	(already) again

Wendungen
Phrases

Wir gehen jetzt essen!	*We are going to eat now.*
Das freut mich!	*I am glad.*
Schmeckt's?	*Does it taste good?*
Was ist (denn) los?	*What is the matter?*
Sie haben lange gebraucht!	*You took a long time.*
Wie lange brauche ich?	*How long do I need?*

Übungen und Aufgaben
Exercises

A *Complete the sentences.*

0. Heute zahle ich.	Gestern	hast du		gezahlt.
1. Haben Sie in München studiert?	Nein, ich	— in Wien		—.
2. Wer hat in Wien gewohnt?	Beethoven	— in Wien		—.
3. Heute bezahle ich die Rechnung.	Gestern	— Sie	— —	—.
4. Heute mittag zahle ich.	Gestern	— ihr		—.

B *Complete the sentences.*

1. Heute können wir deutsch fragen. Gestern — wir es —. (lernen)
2. Heute ist es naß. Gestern — es —. (regnen)
3. Heute arbeiten wir. Gestern — wir —. (spielen)
4. Heute spielen wir. Gestern — wir —. (arbeiten)

C *Complete the sentences.*

0. Wer hat das gesagt?
   Andreas hat es von Philipp **gehört.** (hören)
1. Hast du das Zimmer gemietet?
   Nein, die Dame — es nicht — . (vermieten)

2. Was hat das Zimmer mit Bad gekostet?
   Ich — noch nicht — . (fragen)
3. Haben Sie die Eintrittskarten schon bezahlt?
   Nein, ich — meine Brieftasche nicht — . (haben)

D *Complete the answers.*
0. Möchten Sie jetzt **baden**?
   Nein danke, ich **habe** schon **gebadet**!
1. Möchten Sie Deutsch lernen?
   Nein, ich — schon Deutsch — .
2. Möchten Sie jetzt essen?
   Nein danke, ich — schon — .
3. Möchten Sie hier ein Zimmer mieten?
   Nein danke, ich — schon — — — .

E *Complete the answers.*
0. Haben Sie noch keinen Salat gehabt?
   Nein, ich habe auch keinen Salat **bestellt**. (bestellen)
1. Haben Sie schon gewählt?
   Nein, wir — die Speisenkarte noch nicht — . (haben)
2. Haben Sie die Speisenkarte schon verlangt?
   Nein, wir — den Ober noch nicht — . (fragen)
3. Schmeckt's gut?
   Ja danke, es — sehr gut — . (schmecken)

F *Complete the answers.*
0. **Lernt** Tim Deutsch?   Ja, auch Pierre   hat Deutsch   **gelernt.**
1. Schmecken die Forellen   Ja, auch der Wein — gut   — .
   gut?
2. Möchten Sie zahlen?   Ja, mein Freund — auch schon   — .
3. Arbeiten Sie heute?   Ja, gestern — ich auch   — .
4. Hören Sie den Schuß?   Nein, ich — den Schuß   nicht   — .
5. Wer sagt das?   Mein Professor — das   — .
6. Machen Sie eine Reise   Ja, mein Freund — auch eine
   nach Deutschland?   Reise nach   Deutschland — .

G *Form the imperative.*
0. Hier ist **dein** Bus!   **Komm!**   (kommen)
0. Hier hält **Ihr** Bus!   **Kommen Sie!**   (kommen)
1. Hier ist **dein** Bier!   — es!   (trinken)
2. Hier ist **Ihr** Gepäck!   — — es!   (nehmen, i)
3. Hier ist **dein** Gepäck!   — es!   (nehmen, i)

4. **Sag,** Aki, wie steht das Spiel? Hier, — ! (lesen, ie)
5. Hier, Pierre, hier ist **dein** Schnitzel! — ! (essen, i)
6. Herr Ricardo, hier ist **Ihr** Schnitzel! — — ! (essen, i)

H *Complete the questions.*

0. Wir gehen jetzt essen. Geht ihr baden?
1. Ich gehe jetzt arbeiten. — du essen?
2. Tim geht jetzt seinen
   Freund besuchen. — Sie auch Ihren Freund besuchen?
3. Komm, Aki, wir gehen
   jetzt ein Zimmer
   suchen! — ihr auch ein Zimmer mieten?
4. Du gehst das Gepäck
   holen. Wir — die Fahrkarten kaufen.
5. Suma geht baden. Tim und Pierre — ein Bier trinken.

I *Read this short story.*

Difficult telephone call

A Möchten Sie telefonieren?
B Ja, ich möchte telefonieren!
A Bitte: Zuerst Hörer abnehmen, dann zwei 10-Pfennig-Stücke einwerfen,
  dann wählen!
B Jetzt habe ich gewählt!
A Haben Sie telefoniert?
B Nein, ich höre meinen Freund nicht!
A Haben Sie die Nummer richtig gewählt?
B Ja, ich habe seine Nummer gewählt.
A Wie heißt Ihr Freund?
B Andreas Maier.
A Und wie ist seine Telefon-Nummer?
B Seine Telefon-Nummer ist 43 71 56.
A Nein, diese Nummer ist nicht richtig. Wählen Sie 34 17 65!
B Habe ich jetzt richtig gewählt?
A Nein, Sie haben leider falsch gewählt. Nicht 56, sondern 65 müssen Sie
  wählen!
B Danke! Jetzt wähle ich noch einmal.
A Können Sie Ihren Freund hören?
B Ja, jetzt kann ich ihn gut hören, danke!

Ich repariere meinen Wecker selbst!

I'm going to repair my alarm clock myself!

On getting out of bed Aki knocked his alarm clock on to the floor. His land-lady wants to take it to the watchmaker, but Aki, the trainee, wants to repair it himself. He does it in the trainee workshop, where the ringing of the alarm causes some confusion.

A = *Aki;* La = *Landlady;* Tr = *Various Trainees;* F = *Foreman*

La	Aki, aufstehn, es ist 7 Uhr! Sie haben verschlafen!	Aki, get up, it's 7 o'clock. You've overslept.
A	Was, 7 Uhr? Ich habe verschlafen?	What, 7 o'clock? I have overslept?
La	Hat der Wecker nicht geläutet?	Didn't the alarm ring?
A	Wo ist der Wecker?	Where is the alarm clock?
La	Ist er kaputt?	Is it out of order?
A	Er geht nicht!	It's not going.
La	Ich bringe ihn zum Uhrmacher! Ich lasse ihn reparieren!	I'll take it to the watchmaker. I'll have it repaired.
A	Nein, ich bin Praktikant! Ich repariere meinen Wecker selbst!	No, I am a trainee. I'm going to repair my alarm clock myself.

In the factory some new trainees are being shown round.

F Sehen Sie, das müssen Sie auch lernen:
You see, you must learn that, too.

Diese Praktikanten können Metall biegen, bohren und feilen.
These trainees can bend, drill and file metal.

Hier, sehen Sie! Dieser Praktikant biegt ein Stück Blech.
Here, you see! This trainee is bending a piece of sheet metal.

Dieser Praktikant bohrt.
This trainee is drilling.

Und dieser Praktikant, was macht er?
And this trainee, what is he doing?

Tr Er feilt!
He is filing.

F Was feilt er?
What is he filing?

Tr Ein Zahnrad!
A gear.

Tr Mein Zahnrad ist fertig!
My gear is finished.

A Ich bin auch fertig!
I am finished, too.

F Lassen Sie sehen!
Let me see.

Ja, Sie haben gut gefeilt.
Yes, you have filed it well.

The foreman explains some of the basic principles of mechanics.

F Dieses Zahnrad ist groß: Es dreht sich langsam!
This gear is big — it turns slowly!

Dieses Zahnrad ist klein: Es dreht sich schnell!
This gear is small — it turns rapidly.

Die zwei Zahnräder arbeiten zusammen. Das heißt: Sie greifen ineinander!
The two gears work together. That is, they engage in each other.

Das ist der Durchmesser! Das ist der Radius! Das ist der Umfang!
This is the diameter. This is the radius. This is the circumference.

It is shortly before 12 when Aki's alarm clock suddenly rings. The foreman thinks the works clock is not in order.

F Die Uhr ist kaputt; sie läutet zu früh.
The clock is out of order. It rings too early.

Some directors come to inspect the workshop.

D = Directors

D Haben Sie das gefeilt?
Did you file that?

D O, das ist ja sehr gut!
Oh, that is very good.

D Das haben Sie gemacht?
Did you make that?

A Ja, das habe ich gemacht, heute!
Yes, I made it today.

D Die Praktikanten sind sehr fleißig!
The trainees are very industrious.

D	Sie sind sehr fleißig!	They are very industrious.
D	Sie arbeiten sehr gut!	They work very well.
D	Vielen Dank, Meister.	Thank you, foreman.
	Es war sehr interessant!	It was very interesting.

Once again Aki's alarm rings and the foreman now really believes he will have to repair the works clock, as the hand is pointing to shortly before 5 o'clock.

F	Die Uhr ist wirklich kaputt!	The clock is really out of order.
	Sie läutet wieder zu früh!	It's ringing too early again.
A	Mein Wecker geht auch nicht!	My alarm clock won't go either.
	Er ist kaputt!	It is out of order.
F	Ihr Wecker? Lassen Sie sehen!	Your alarm clock. Let me see.
	Jaja, der ist kaputt, den müssen Sie reparieren lassen!	Oh yes, it's out of order, you must have it repaired.
A	Ich bin Praktikant.	I'm a trainee.
	Ich repariere meinen Wecker selbst.	I'm going to repair my alarm clock myself.
F	Und ich bin Meister.	And I am a master mechanic.
	Ich repariere meine Uhr auch selbst.	I'm going to repair my clock myself, too.

The works clock rings punctually at 5 o'clock. The trainees are already gone.

F	Die Uhr ist gar nicht kaputt!	The clock isn't out of order at all.
	Jetzt läutet sie pünktlich!	It's ringing punctually now.
A	Und mein Wecker ist repariert!	And my alarm clock is repaired.
	Ich habe ihn repariert!	I have repaired it.
	Er läutet auch pünktlich! Punkt 5 Uhr!	It rings punctually, too. Punctually at 5 o'clock.
F	Feierabend!	Stopping time.

Wie sagt man auf deutsch?
How do you say it in German?

1.
Ist der Wecker kaputt? Ich bringe den Wecker zum Uhrmacher.
Ist **er** . . . . kaputt? Ich bringe **ihn** . . . . zum Uhrmacher.

*The accusative form of **er** is **ihn**.*   **ihn**

Wo ist **Aki**? Ich habe **ihn** nicht gesehen.
Fragen wir **den Meister**! Ja, komm, wir fragen **ihn**.

2.
Aki **steht** nicht **auf**; es ist 7 Uhr; Aki muß jetzt **aufstehen.**

New words are often formed with verbs and prepositions (and other words). In the infinitive they are written as one word.

| | stehen
+ auf =
auf-
stehen |

Ich lade Sie alle **ein.** (9)   Ich möchte Sie alle **ein**laden.
Bitte, treten Sie **ein!** (9)   Darf ich **ein**treten?
Ich rufe den Portier **an.** (9)   Wann darf ich Sie **an**rufen?
Ich werfe ein 10-Pfennig-Stück **ein;**   Ein 10-Pfennig-Stück **ein**werfen;
    dann nehme ich den Hörer **ab.** (9)   dann Hörer **ab**nehmen!
Bitte, füllen Sie den Schein **aus!**   Bitte, den Schein **aus**füllen.
Geben Sie mir bitte 40 Pfennig **heraus?**   Ich kann nicht **heraus**geben.
Steigen Sie jetzt **um?**   Ja, ich muß **um**steigen.
Steigen Sie **aus?**   Ja, ich möchte **aus**steigen.
Steigen Sie bitte rasch **ein!**   Bitte, rasch **ein**steigen!
Der Zug fährt in zwei Minuten **ab.**   Jetzt muß er **ab**fahren.

In the personal forms the prepositions (or the adverbs) are at the end of the sentence (2nd part of predicate; cf. 9/4).

3.
Aki, aufstehn! Es ist 7 Uhr! = Aki, stehn Sie auf!

Sometimes the infinitive is used like an imperative, e. g.

Ein 10-Pfennig-Stück einwerfen!   Bitte, rasch einsteigen!
    Erst Hörer abnehmen;   Bei Grün: gehen!
        dann wählen!   Bei Rot: warten!

| | gehen! |

4.
Dieses Zahnrad ist groß; es dreht sich langsam.
Dieses Zahnrad ist klein; es dreht sich schnell.

| | sich |

sich *belongs to the verb (reflexive verbs! cf. 17/2—3).*

5.
Die Uhr muß um 12 Uhr läuten.

Es ist kurz vor 12: Die Uhr läutet zu früh.

Es ist kurz nach 12: Die Uhr läutet zu spät.

Es ist 12.00: Die Uhr läutet **pünktlich**: **Punkt** 12 Uhr!

| | pünktlich |

6.

Mein **Zahnrad** ist fertig! *(thing)*	**fertig** *is used for*		
Ich bin auch fertig! *(person)*	*things and persons.*		**fertig**

7.

Die Uhr ist gar nicht kaputt!　｜　**gar** *emphasizes the negation.*　｜　**gar nicht**

8.

Lassen Sie **sehen**!	*The infini-*	sehen	**lassen + inf.**
Wir **gehen** jetzt Forellen **essen**!	*tive is at*	essen	**gehen + inf.**
Den müssen Sie reparieren **lassen**!	*the end.*	lassen	

Lassen *and* **gehen** *can be combined with the infinitive like the modal verbs (e. g.* **müssen***). The infinitive is placed at the end.*

Wörter
Vocabulary

das Blech/e	*sheet metal*	reparieren	*to repair*
das Metall/e	*metal*	verschlafen (ä)	*to oversleep*
der Durchmesser	*diameter*	biegen	*to bend*
der Radius	*radius*	bohren	*to drill, to bore*
der Umfang	*circumference*	feilen	*to file*
die Uhr/en	*clock, watch*	gehen *(Uhr)*	*to go* (clock)
der Uhrmacher/—	*watchmaker*	läuten *(Glocke)*	*to ring* (bell)
der Wecker/—	*alarm clock*	machen	*to make, to do*
das Zahnrad/	*gear*	drehen, sich	*to turn*
-räder			
das Rad/Räder	*wheel*	fertig	*finished*
der Zahn/Zähne	*tooth*	fleißig	*industrious*
der Feierabend	*stopping time,*	groß	*big*
	closing time	interessant	*interesting*
der Abend/e	*evening*	klein	*small*
der Meister/—	*foreman, master*	langsam	*slow*
	craftsman,	pünktlich	*punctual(ly)*
	master mechanic	selbst	*self (myself,*
aufstehen	*to get up [other ╲*		*yourself, etc.)*
ineinandergreifen	*to engage in each ╱*	früh	*early*
zusammen-	*to work together*	gar nicht	*not at all*
arbeiten		das heißt (d. h.)	*that is (i. e.)*
reparieren lassen	*to have (some-*		
	thing) repaired		

A er, es, sie?

0. Wo ist der Wecker?	Hier ist **er**!
1. Wo ist die Speisenkarte?	Hier — — !
2. Wo ist Pierre?	Da — — !
3. Wo ist das Fundbüro?	Dort — — !
4. Wo ist der Schalter?	Hier — — !
5. Wo sind die Fotos?	Da — — !

B er, es, sie?

0. Wo ist **mein Paß**?	Hier ist **er**!
1. Wo ist **sein Freund**?	Da — — !
2. Wo sind **unsere Pässe**?	Da — — !
3. Wo ist **dein Fahrschein**?	Hier — — !
4. Wo sind **Ihre Fahrkarten**?	Hier — — !
5. Wo ist **unser Gepäck**?	Dort — — !

C *Complete the sentences.*

0. Dort ist der Meister!	Bitte, fragen Sie **den** Meister!
1. Das ist das Zimmer!	Nun, nehmen Sie — — ?
2. Da ist der Portier!	Komm, wir fragen — — !
3. Dort ist ein Schalter!	Siehst du — — ?
4. Hier ist eine Postkarte!	Ich kaufe — — !
5. Dort sind Telefonzellen!	Sehen Sie — — ?

D ihn, es, sie?

0. Fragen Sie den Portier!	Ja, ich frage **ihn**.
1. Hast du das Gepäck?	Ja, ich habe — .
2. Bringen Sie die Speisenkarte?	Ja, ich bringe — .
3. Sehen Sie die Uhr dort?	Ja, ich sehe — .
4. Sehen Sie die Bäume?	Ja, ich sehe — .
5. Begleiten Sie Aki?	Ja, wir begleiten — .

E ihn, es, sie?

0. Ich suche meinen Paß.	Hast du **ihn**?
1. Er sucht seinen Fahrschein.	Hast du — ?
2. Ich habe deine Fahrkarte.	Brauchst du — jetzt?
3. Pierre hat unsere Fotos.	Möchtest du — sehen?
4. Hier habe ich meinen Paß.	Brauchen Sie — ?
5. Hast du die Bilder?	Kann ich — sehen?

F *Complete the sentences.*

0. Wo ist **mein** Paß?   Haben Sie **ihn?**
1. Hier ist dein Wecker.   Siehst du   — ?
2. Mein Wecker ist kaputt.   Ich bringe   — zum Uhrmacher.
3. Du gehst zum Schalter.   Siehst du   — ?
4. Wo sind unsere Fahrkarten?   Hast du   — ?
5. Sehen Sie die Straße dort?   Ja, jetzt sehe ich — !

G *Insert the correct pronoun.*

0. Ich suche **meinen** Paß.   Ah, hier ist **er!**
1. Suchst du deine Fahrkarte?   Hier ist   — !
2. Wir möchten unser Gepäck!   Bitte, hier ist   — !
3. Hast du deine Fotos?   Ja, hier sind   — !
4. Ich suche meinen Freund!   Ah, da kommt — !
5. Ich habe einen Gast.   — heißt Aki!

H *Insert the correct pronoun.*

0. **Dort ist der Bahnsteig!**   Wo? Ich sehe **ihn** nicht!
1. Hier ist das Fundbüro!   Wo? Ich sehe — nicht!
2. Da kommen Tim und Pierre!   Wo? Ich sehe — nicht!
3. Auch Aki ist da!   Wo? Ich sehe — nicht!
4. Dort hält der Bus!   Wo? Ich sehe — nicht!
5. Dort fahren die Leute Schi!   Ja, ich sehe — !

I *Insert the pronoun.*

0. **Den** Wecker müssen Sie reparieren lassen!   **Er** ist kaputt!
1. Die Uhr müssen Sie reparieren lassen!   — geht nicht!
2. Den Schalter finden Sie schnell!   — ist dort!
3. Diese Wörter kann ich nicht sprechen.   — sind sehr schwer!
4. Diese Reise möchte ich auch machen.   — ist wunderbar!
5. Deine Fotos habe ich noch nicht geholt.   — sind noch nicht fertig!

K *Insert the pronoun.*

0. Ich suche **meinen** Paß.   Hast du   **ihn?** Ah, hier ist   **er!**
1. Ich suche meine Fahrkarte.   Hast du   — ? Ah, hier ist   — !
2. Suchen Sie Ihren Fahrschein?   Haben Sie — ? Sehen Sie, hier ist — !
3. Wir haben unser Gepäck nicht.   Haben Sie — ? Ja, hier ist   — !
4. Er sucht seine Fotos!   Hast du   — ? Ah, da sind   — !
5. Wir nehmen die Plätze nicht.   Nehmt Ihr — ? Ja, wir nehmen   — !

L *Insert the pronouns.*

0. Ist Professor Maier da?   Ja. Möchten Sie **ihn** sprechen?
1. Ist das Zimmer frei?   Ja. Möchten Sie — sehen?

2. Ist dort der Portier?	Ja. Möchten Sie — fragen?
3. Sind das deine Fotos?	Ja. Möchtest du — sehen?
4. Ist das Ihr Paß?	Ja. Möchten Sie — haben?
5. Ist das Ihre Fahrkarte?	Ja. Möchten Sie — sehen?

M *From the following possible answers choose a suitable one for each question:*
Suma; meinen Lehrer; Kaffee; meine Rechnung; den Portier!

1. Wen möchten Sie sprechen? — — !
2. Was möchten Sie haben? — !
3. Wen möchten Sie fragen? — — !
4. Wen möchten Sie begleiten? — !
5. Was möchten Sie bezahlen? — — !

N wer, wen, was?

1. — haben Sie bestellt? Kaffee!
2. — kommt dort? Mein Freund!
3. — essen Sie? Schnitzel mit Salat!
4. — besuchen Sie heute abend? Meinen Freund Aki!
5. — suchen Sie? Meinen Paß!
6. — ist dort am Schalter? Eine Dame!
7. — begleitest du heute abend? Eine Medizinstudentin!

Darf ich Ihnen helfen?

May I help you?

Pierre's willingness to help is put to a severe test by an old lady in the train. So Tim and Pierre are relieved when they have to change in Höchstadt. But to their surprise they find the old lady again in the other train. She has changed, too. But then it is Tim's turn.

T = *Tim*; P = *Pierre*; L = *Lady*; Po = *Porter*

L	1, 2, 3, 4, 5, — 1, 2, 3, 4, 5, —	1, 2, 3, 4, 5 — 1, 2, 3, 4, 5 —
	Es stimmt. Fünf Gepäckstücke.	That's right. Five pieces of luggage.
Po	Zwei Mark dreißig!	Two marks thirty.
	Bitte schnell, der Zug fährt ab!	Quickly please, the train is leaving.
L	Bitte, machen Sie das Fenster zu, es zieht!	Please close the window, there's a draught.
T	Ich rauche, stört es Sie?	I am smoking, do you mind?
L	„Nichtraucher"!	"Non-smoker".

P Darf ich Ihnen helfen?	May I help you?
L Danke, das ist sehr nett von Ihnen.	Thank you, that's very nice of you.
Bitte, legen Sie den Koffer auf das Gepäcknetz!	Please lay the case in the luggage rack.
P Den Koffer auf das Gepäcknetz.	The case in the luggage rack.
L Legen Sie das Paket auf den Koffer!	Lay the parcel on the case.
P Das Paket auf den Koffer!	The parcel on the case.
L Nein, nicht neben den Koffer, auf den Koffer!	No, not beside the case — on the case.
P Ah, auf den Koffer . . .! So?	Ah, on the case . . . Like that?
L Ja. Stellen Sie die Reisetasche neben den Koffer!	Yes. Stand the travelling bag beside the case.
Nein, nicht legen, — stellen!	No, don't lay it down . . . stand it.
P Ah, ja, stellen . . .!	Ah, yes, stand it . . .!

Tim has got out on to the platform to smoke.

TC = *Ticket Collector* (Am. *Conductor*)

TC Ihre Fahrkarte bitte!	Your ticket please.
T Das ist meine Fahrkarte.	This is my ticket.
Die gehört nicht mir. Die gehört meinem Freund.	This one doesn't belong to me. It belongs to my friend.
Er ist im Abteil.	He is in the compartment.
TC Sie wollen nach Neustadt?	You want to go to Neustadt?
T Ja.	Yes.
TC Dieser Zug hält nicht in Neustadt.	This train doesn't stop in Neustadt.
Sie müssen in Höchstadt umsteigen!	You must change in Höchstadt.

TC Die Fahrkarten bitte!	Tickets please.
P Meine Fahrkarte hat mein Freund!	My friend has my ticket.
TC Ah ja, ich weiß. (*Zu der Dame*) Ihre Fahrkarte bitte!	Oh yes, I know. (*To the lady*) Your ticket please.
L (*zu Pierre*) Ach bitte, geben Sie mir meine Reisetasche!	(*to Pierre*) Oh please give me my travelling bag.
(*Zeigt dem Kontrolleur die Fahrkarte*) Bitte!	(*She shows the collector [Am. conductor] the ticket*) Here!
TC Sie müssen umsteigen!	You will have to change.
L Ja, ich weiß!	Yes, I know.

Pierre takes advantage of this conversation to go to another compartment with Tim. In the other compartment is a young mother with her child.

M = *Mother*; Ch = *Child*

Ch Darf ich hinausschauen?	May I look out?
P Ja, komm, wir schauen zum Fenster hinaus!	Yes, come on, we'll look out of the window.
Ch Wir beide: Du und ich!	We two — you and me.
P Was ist das?	What is that?
Ch Eine Kirche!	A church.
P Eine Kirsche	A cherry.
Ch Nein, nicht Kirsche, — eine Kirche!	No, not cherry — a church.
P Ah ja, eine Kirche!	Ah yes, a church.
M Stört Sie das Kind?	Is the child disturbing you?
P Nein gar nicht.	No, not at all.
Ch Das sind Bäume.	Those are trees.
P Das sind viele Bäume!	There are many trees.
Ch Das ist ein Wald!	That is a forest.
P Der — die — das Wald?	Der — die — das Wald?
Ch Der Wald.	Der Wald.

The train stops in Höchstadt.

Ch Der Zug hält. Müssen wir aussteigen?	The train is stopping. Must we get out?
M Nein, wir müssen noch nicht aussteigen.	No, we don't have to get out yet.
P Hochstadt!	Hochstadt!
T Nein, Höchstadt! Höchstadt: Umsteigen!	No, Höchstadt! Höchstadt — change!
Ch Müssen Sie schon aussteigen?	Must you get out already?
P Nein, wir müssen umsteigen!	No, we have to change.
Ch Oh, schade!	Oh, what a pity.
L Gepäckträger! Gepäckträger!	Porter, porter!

*In the other train a gentleman now has difficulties with the old lady's luggage.
Then she discovers Tim:*

L Ah, da sind Sie ja wieder! Bitte, helfen Sie ihm!	Ah, there you are again. Please help him.

Wie sagt man auf deutsch?
How do you say it in German?

1.

Darf ich **Ihnen** helfen?	helfen + *dative*	
Ich danke **Ihnen**.	danken + *dative*	

The dative of **Sie** *(formal address) is:* **Ihnen.** | **Ihnen**

2.

Bitte, geben Sie **mir** meine Tasche!	geben + *dative*	
Die gehört nicht **mir**!	gehören + *dative*	

The dative of **ich** *(person speaking) is:* **mir.** | **mir**

3.

Sagen Sie **ihm**: ich komme!	sagen + *dative*	
Wie geht es **ihm**?	es geht + *dative*	

The dative of **er** *and* **es** *is:* **ihm.** | **ihm**

4.

helfen, danken, geben, gehören, sagen, wie geht es? | Verb +
require the dative form **for the person.** | Dative

5.

Sie nimmt die Fahrkarte aus d**em** Gepäck.	aus + *dative*	**dem**
Sehen Sie die Kirche bei dies**em** Wald?	bei + *dative*	**diesem**
Pierre spricht mit ein**em** Kind.	mit + *dative*	**einem**
Er liest einen Brief von sein**em** Freund.	von + *dative*	**seinem**
Er geht zu kein**em** Arzt.	zu + *dative*	**keinem**
Wie geht es Ihr**em** Freund?		**Ihrem**
Da, der Gepäckträger mit unser**em** Gepäck!		**unserem**

In front of M and N nouns: **-em** *as indication of dative.* | **-em**

6.

aus, bei, mit, von, zu *always require the dative form.* | Prep. +
| Dative

7.

Zu dem Schalter = zum Schalter	Von dem Bahnsteig = vom Bahnsteig	**zum**
Similarly: zum Fundbüro	*Similarly:* Er kommt vom Essen.	**vom**
zum Fenster hinaus	Wir kommen vom Baden.	
zum Essen *(cf. 5/8)*	Da kommt Pierre vom Schalter.	

8.

Wer steht am Bahnsteig?	**Der** Gepäckträger! *(Nominative)*	**wer**
Wen ruft die Dame?	**Den** Gepäckträger! *(Accusative)*	**wen**
Wem gibt die Dame das Gepäck?	**Dem** Gepäckträger! *(Dative)*	**wem**

Wem? *is the dative form of* **wer?**; *it asks about persons in the dative.*

Examples with verbs and prepositions + *dative:*

Mit wem fährt Tim nach Neustadt?	**Mit** seinem Freund Pierre.
Von wem ist das Bild hier?	**Von** einem Maler.
Wem gehört diese Fahrkarte?	Sie **gehört** meinem Freund.
Wem hilft Tim im Zug?	Er **hilft** seinem Freund.

9.

Stört Sie das Kind?	Das Fenster ist offen,	Ich rauche;	
Stört . . . **es** Sie?	stört **es** . . . . Sie?	stört **es** Sie?	**es**

10.

Sie wollen nach Neustadt? = Sie möchten nach Neustadt?
Sie wollen nach Neustadt fahren?
Ich (er, es, sie) **will**; du **willst**; wir (Sie, sie) **wollen**. | **wollen**

Modal verbs are also used without the infinitive (cf. 5).

11.

Müssen Sie schon aussteigen?	**schon**
Wir müssen noch nicht aussteigen!	**noch nicht**
Wir bleiben noch hier, im Abteil.	**noch**

12.

Legen Sie den Koffer auf das Gepäcknetz!	**auf**
Stellen Sie die Reisetasche neben den Koffer!	**neben**
Stellen Sie den Koffer in die Gepäckaufbewahrung!	**stellen**
Nein, nicht legen — stellen!	**legen**

stellen *means the vertical position;*
legen *means the horizontal position;*
stellen *is also used for all types of containers.*

13.

The child asks Pierre and Tim:	Müssen Sie aussteigen?	
Pierre says:	Ja, leider!	**leider**
The child says:	Oh, schade!	**schade**
Sind das 5 Gepäckstücke?	Ja, richtig! = Ja, es stimmt!	**stimmt**
Sind das zwei Mark?	Ja, richtig! = Ja, stimmt!	

Wörter
Vocabulary

das Abteil/e	compartment	geben (i)	to give
das Kind/er	child	helfen (i)	to help
der Nichtraucher/—non-smoker		legen	to lay
das Gepäckstück/e	piece of luggage	rauchen	to smoke
das Gepäcknetz/e	luggage rack	schauen	to look
der Gepäckträger/—porter		stellen	to stand (some-
der Koffer/—	case		thing)
das Netz/e	net	stören	to disturb
das Paket/e	parcel	wollen (i)	to want
die Reisetasche/n	travelling bag	zumachen	to close
die Tasche/n	bag		
die Kirche/n	church	beide	both
die Kirsche/n	cherry	viele	many, a lot
der Wald/Wälder	wood, forest	nett	nice
		hinaus	out (motion)
es stimmt	that is right	neben	beside
es zieht	there is a draught	schade	pity, what a pity

Wendungen
Phrases

Ah, da sind Sie ja!	*Ah, there you are!*
Darf ich Ihnen helfen?	*May I help you?*
Das ist sehr nett (von Ihnen)!	*That is very nice (of you)!*
Sind Sie Raucher (Nichtraucher)?	*Are you a smoker (non-smoker)?*
Stört es Sie?	*Does it disturb you?*

Übungen und Aufgaben
Exercises

A *Insert the possessive pronoun.*

0. Da sind Sie ja!	Ist das	**Ihr** Koffer?
1. Hier bin ich!	Ja, das ist	— Koffer!
2. Wo ist Pierre?	Hier ist	— Koffer!
3. Wo ist der Herr?	Das ist	— Tasche!
4. Einen Augenblick, Herr Ricardo!	Das ist	— Tasche!

B *Use the* **personal** *instead of the* **possessive pronoun.**

0. Ist das **Ihr** Koffer?	Gehört der Koffer **Ihnen?**
1. Ja, das ist mein Koffer.	Der gehört — !

2. Hier ist sein Koffer. Der gehört — !
3. Das ist seine Tasche. Die gehört — !
4. Das ist Ihre Tasche. Die gehört — !

C *Complete the answers.*

0. Ist das Ihre Brieftasche? Gehört sie Ihnen?
   Nein, das ist nicht meine Brieftasche;   sie gehört mir nicht.
1. Ist das sein Koffer? Gehört er ihm?
   Nein, das ist nicht — Koffer;   — gehört — nicht.
2. Sind das meine Fotos? Gehören sie mir?
   Nein, das sind nicht — Fotos.   — gehören — nicht.
3. Sind das Ihre Gepäckstücke? Gehören sie Ihnen?
   Nein, das sind nicht — Gepäckstücke.   — gehören — nicht.

D *Complete the sentences.*

0. Das ist Ihr Koffer!   **Der** gehört **Ihnen**!
1. Das sind Ihre Koffer!   — gehören — !
2. Das ist Ihr Paß!   — gehört — !
3. Das ist meine Brieftasche!   — gehört — !
4. Das ist sein Gepäck!   — gehört — !

E *Form answers with* **nein.**

0. Ist das **Ihr** Koffer?   Nein, das ist nicht **mein** Koffer.
1. Sind das Ihre Fotos?   — , — — — — — .
2. Ist das Ihre Brieftasche?   — , — — — — — .
3. Ist das dein Gepäck?   — , — — — — — .
4. Sind das deine Bilder?   — , — — — — — .
5. Ist das sein Koffer?   — , — — — — — .
6. Ist das seine Brieftasche?   — , — — — — — .

F *Write the answers in the* **formal** *or* **familiar** *form.*

1. Sind das meine Fotos?   *(formal)*   Ja, — — — — !
2. Ist das mein Paß?   *(formal)*   — , — — — — !
3. Sind das meine Postkarten? *(familiar)*   — , — — — — !
4. Ist das meine Fahrkarte?   *(familiar)*   — , — — — — !

G *Complete the sentences.*

1. Pierre und das Kind schauen zum Fenster hinaus.
   Darf das Kind zum Fenster — ?
2. Tim macht das Fenster zu.
   Kann Tim das Fenster — ?
3. Der Zug fährt gleich ab.
   Der Zug muß gleich — .
4. Tim und Pierre steigen um.
   Aber die Dame muß auch — .

H dem *or* den?

1. **Wen** ruft die Dame?   — Gepäckträger.
2. **Wem** gehören die Koffer?   — Kaufmann.
3. **Wem** hilft Pierre?   — Gepäckträger.
4. **Wen** fragt Tim?   — Portier.

I wer?, was?, wen?, wem?

1. — gehört diese Fahrkarte?   Meinem Freund.
2. — hat die Dame gefragt?   Den Portier.
3. — gibt Suma Ihrem Freund?   Ihre Reisetasche.
4. — ist das?   Eine Kirche.
5. — hilft der Gepäckträger?   Dem Kaufmann.
6. — besuchst du jetzt?   Meinen Professor.
7. — biegt dieser Praktikant?   Ein Stück Blech.

K *Complete the answers. Do not use the definite article.*

0. Von wem sprechen Sie?   Von einem Freund.
1. Bei wem haben Sie Deutsch gelernt?   — — Lehrer.
2. Mit wem spricht Pierre im Zug?   — — Kind.
3. Mit wem haben Sie heute gegessen?   — — Studentin.
4. Von wem hast du das?   — — Professor.
5. Bei wem haben Sie ein Zimmer gemietet?   — Frau Berger.

L *Insert the missing words.*

1. Legen Sie — Paket nicht auf — Koffer, sondern neben — Tasche!
2. Er hat — Tasche nicht neben — Koffer, sondern auf — Koffer gestellt.
3. Sie dürfen — Tasche nicht auf — Koffer legen, sondern neben — Koffer.
4. Möchten Sie — Koffer auf — Gepäcknetz stellen oder legen?

M *Insert the missing words.*

1. Wo ist das Bild? Im Koffer! Nehmen Sie das Bild aus — Koffer!
2. Haben Sie ein Foto von — Freund?
3. Das ist mein Zimmer. Komm, jetzt machen wir ein Foto von — Zimmer.
4. Wo ist meine Tasche? Sehen Sie meinen Koffer? Die Tasche steht dort bei — Koffer.
5. Dort steht der Zug nach Hamburg. Wollen Sie zu — Zug?
6. Hast du deinen Paß und deine Fahrkarte? Ja, hier ist mein Paß mit — Fahrkarte.
7. Wo steht der Koffer? Wo ist die Tasche? Dort steht der Koffer bei — Tasche.

Ein Wochenende ohne Geld?

A week-end without money?

When the postman brings the urgently awaited money for the students Suma and Gisela Roth, they have just left for the university. The landladies accept the money; they have authority to sign for it. But the two girls get into difficulties.

S = *Suma*; R = *Miss Roth, Suma's friend*; P = *Postman*; L = *Landladies*

P	Für Fräulein Roth ist Geld gekommen.	Some money has come for Miss Roth.
L	Frl. Roth ist zur Universität gegangen.	Miss Roth has gone to the university.
P	Bitte, unterschreiben Sie hier!	Please sign here.
L	Hier, ich habe unterschrieben.	Here, I've signed it.
	————	
P	Für Fräulein Suma ist Geld gekommen.	Some money has come for Miss Suma.
L	Frl. Suma ist zur Universität gegangen.	Miss Suma has gone to the university.

P	Bitte, unterschreiben Sie hier!	Please sign here.
L	Hier, ich habe unterschrieben.	Here, I've signed it.
P	Eins, zwei, dreihundert Mark.	One, two, three hundred marks.

At the university the two girls want to pay their fees.

S	Hast du Geld bei dir?	Have you any money on you?
R	Nicht viel. Mein Geld ist noch nicht gekommen!	Not much. My money hasn't come yet.
S	Mein Geld ist auch noch nicht gekommen!	My money hasn't come yet either.
R	Aber wir müssen die Gebühren bezahlen!	But we must pay the fees.
S	Ich habe noch Geld auf der Bank!	I have some money at the bank.
R	Ja?	Have you?
S	Komm, wir gehen zur Bank!	Come on, we'll go to the bank.

At the bank they are out of luck.

G = *Gentleman*

S	Geschlossen?	Closed?
R	Da, lies!	There, read that.
S	„Von 12.30 bis 14.00 Uhr geschlossen."	"Closed from 12.30 to 2 p.m."
R	Wir müssen eine halbe Stunde warten.	We must wait half an hour.
G	Es ist Samstag!	It is Saturday.
R	Oh, am Samstag sind alle Banken geschlossen! Das habe ich ganz vergessen!	Oh, on Saturday all the banks are closed. I quite forgot that.
S	Samstag, Sonntag, . . . ein Wochenende ohne Geld!	Saturday, Sunday, . . . a week-end without money!
R	Nein, ein Wochenende mit Geld!	No, a week-end with money!

Suma's friend has an idea — the academic employment office finds evening work for students; they can earn some money in that way.

E = *Employee*

E	Kinderhüten, Babysitting? Eine Dame bitte!	Baby-sitting, baby-sitting? A lady please!
S	Kinderhüten, das ist leicht. Ja!	Baby-sitting, that is easy. Yes!
E	Eine alte Dame hat angerufen. Sie sucht eine junge Dame zum Vorlesen.	An old lady has phoned. She is looking for a young lady to read to her.

R Vorlesen, das ist nicht schwer!   Reading, that's not hard.
  Viel Vergnügen!   Have fun!
S Viel Vergnügen!   Have fun!

The children's parents take their leave of Suma and go out.

Pa = *Parents*

S Sind die Kinder brav?   Are the children good?
Pa Ja, sehr brav! Ihre Arbeit ist leicht! Yes, very good. Your job is easy.
   Es wird Zeit. — Bis später!   It's time to go. — See you later!

Miss Roth reads a poem to an old lady.

L = *Lady*

R Ich habe den Frühling gesehen,   I have seen the spring,
  Den Frühling, den Frühling im Mai.   The spring, the spring in May.
  Es ist ein Wunder geschehen: A miracle has happened:
  Der Mai ist gekommen, der Mai!   May has come, May.
L Es reicht jetzt!   That's enough now.

Suma, too, is relieved of her task; the parents come home.

Pa Na, waren die Kinder brav?   Well, were the children good?
S Natürlich, die Kinder waren brav.   Of course, the children were good.

At home the tired and weary girls find the long awaited money.

R Mein Geld ist gekommen!   My money has come.
S Mein Geld ist gekommen!   My money has come.

So the evening jobs were not really necessary; but they are richer in experience.

1.

kommen:

Für Fräulein Roth ist heute Geld gekommen. gekommen

Part.:

gehen:

Frl. Roth ist zur Universität gegangen. gegangen

-en

essen:

Wir haben heute Forellen gegessen. gegessen

gegessen

fahren:

Pierre ist heute nach Hamburg gefahren. gefahren

*Verbs that form the participle with **-en** are strong.*
*Verbs that change the vowel (**i, ä**) are always strong.*

So far we have had the following strong participles:

	Participle	Infinitive
Was ist hier	gescheh**en**?	ge-schehen;
Ich habe unterschrieb**en**.	unter-schreiben;
Das habe ich ganz vergess**en**!	ver-gessen;
Haben Sie Tim nicht ge**sehen**?	sehen;
Wen haben Sie denn ge**rufen**?	rufen;
Mein Freund ist ge**kommen**.	kommen;
Er ist zum Schalter ge**gangen**.	gehen;
Wir haben Fisch ge**gessen**.	essen.

2.
Für Fräulein Roth **ist** heute Geld gekommen.
Oh, Fräulein Roth **ist** zur Universität gegangen.

ist + Part.
= Perfect

*Some verbs do not form the perfect with **haben**,*
*but with the personal form of the auxiliary verb **sein**.*
e. g.: **kommen, gehen, fahren, laufen, fallen;**
einsteigen, aussteigen, umsteigen; geschehen.

3.
Frl. Roth ist zur Universität gegangen.
  Wir gehen zur Bank.
Die Bank;   zur Bank = zu **der** Bank.

*The dative of the article **die** before feminine nouns is **der.***

der

105

Examples with prepositions that take the dative:
Suma geht mit einer Freundin zur Universität.
Ich gehe zu meiner Freundin.
Ich lerne bei dieser Dame Deutsch.
Ist er von seiner Reise zurück?
Wie geht es Ihrer Freundin?
Ich habe von keiner Studentin eine Postkarte.

einer	
meiner	
dieser	
seiner	
Ihrer	
keiner	

Other verbs (and prepositions) that take the dative: cf. 12/4—6

Before feminine nouns dative forms are used with the ending: -er. | **-er**

4.
Hier ist die Studentin; **gehört** das Geld **der** Studentin?   (*Art.*)
Hier ist sie; . . . . **gehört** das Geld **ihr**?   (*Pron.*)

*The dative of **sie** (F S) is **ihr**.* | **ihr**

5.
(*State*) **Am** Samstag sind alle Banken geschlossen. | **am + -tag**
Sie haben   den Schein **unterschrieben;**   er **ist unterschrieben.**
Wir haben   das Fenster **geschlossen;**   es **ist geschlossen.**
Haben Sie   das Zimmer **bestellt?**   Ja, es **ist bestellt.**
Hast du   den Kaffee **bestellt?**   Ja, er **ist bestellt.**
*The **action** is ended* | *a **state** has been reached.*

The participle can express an action (Perf.) or a state. | **Part. =**
The participle is then like an adjective. | **Adj.**

6.
Von 12.30 bis 14.00 Uhr geschlossen. | **von — bis**
Von zwölf Uhr dreißig bis vierzehn Uhr geschlossen. (*Official*)
Von halb eins bis zwei geschlossen.   (*Private*)
Der Sommer dauert von Juni bis August.   (*Cf. 5/3*)
Die Reise dauert von Samstag bis Sonntag.

7.
Das habe ich ganz vergessen! | **ganz** *adds emphasis.* | **ganz**
Ich habe noch Geld auf der Bank. | (*Idiomatic*) | **auf**
                auf Zimmer 217 | (*Cf. 9/12*)
                auf Gleis 13 | (*Cf. 6/13*)

die Arbeit/en	job, work	bezahlen	to pay
die Bank/en	bank	geschehen (ie)	to happen
die Gebühr/en	fee	unterschreiben	to sign
das Geld	money	vergessen (i)	to forget
der Samstag	Saturday	vorlesen	to read (aloud)
der Sonntag	Sunday	es reicht	that is enough
der Montag	Monday	hüten (Kinder)	look after (child-
der Dienstag	Tuesday		ren)
der Mittwoch	Wednesday		
der Donnerstag	Thursday	alt	old
der Freitag	Friday	jung	young
der Tag/e	day	brav	good (well-be-
das Wochenende	week-end		haved)
das Wunder/—	miracle	ganz	quite, completely
das Fräulein (Frl.)	Miss, young lady	geschlossen	closed
		offen	open
		leicht	easy

Wendungen
Phrases

ein junger Mann	a young man
ein alter Herr	an old gentleman
eine alte Dame	an old lady
Herr Berger	Mr. Berger
Frl. Roth	Miss Roth
Frau Maier	Mrs. Maier
Das ist nicht schwer!	That is not difficult!
Bis später!	See you later!
Hast du alles dabei?	Have you everything with you?
Das ist leicht!	That is easy!
Viel Vergnügen!	Have fun!
Es wird Zeit!	It is time (to do something)!

Übungen und Aufgaben
Exercises

A *Use the units of time:* Monate, Wochen, Tage, Stunden!

0. Von 12 Uhr bis 13 Uhr geschlossen.   Eine Stunde (lang) geschlossen.
1. Von 12 bis 14 Uhr geschlossen.   — — (lang) geschlossen.

2. Von 13 Uhr 30 bis 14 Uhr geschlossen.　— — (lang) geschlossen.
3. Von 13 Uhr 30 bis 15 Uhr geschlossen.　— — — geschlossen.
4. Von November bis März geöffnet.　— — — geöffnet.
5. Von Montag bis Samstag geöffnet.　— — geöffnet.

B *Form the perfect.*

0. Regnet es?	Hat es geregnet?
1. Was essen Sie?	Was — Sie — ?
2. Was lesen Sie?	Was — Sie — ?
3. Trinken Sie Wein?	— Sie Wein — ?
4. Nimmst du das Zimmer?	— — — — — ?
5. Was kostet der Koffer?	— — — — — ?
6. Was gibt es heute zu essen?	Was — — gestern zu essen — ?
7. Bestellen Sie?	— Sie schon — ?
8. Ich bezahle den Fahrschein für meinen Freund.	Ich — — — — — — — !
9. Pierre schließt jetzt das Fenster.	Pierre — — — — — !
10. Was geschieht hier?	Was — — — ?
11. Sehen Sie heute Fräulein Gisela?	— Sie Fräulein Gisela — — ?
12. Schmeckt Ihnen der Salat?	— Ihnen der Salat — ?
13. Jetzt beginnt der Unterricht.	— der Unterricht — ?
14. Heute kommt mein Freund aus München.	— — — — — — — ?
15. Das Essen vergißt er bestimmt nicht.	Das Essen — — — — — !
16. Wo lernen Sie Deutsch?	Wo — — — — ?
17. Wie machen Sie das?	Wie — — — — ?

C *Form the present tense.*

0. Ich habe dem Professor geschrieben. Schreibst du ihm auch?
1. Wir haben Forellen gegessen. — ihr auch Forellen?
2. Suma ist um 11 Uhr zur Bank gegangen. Gisela — um 16 Uhr.
3. Hast du schon unterschrieben? Ich — jetzt.
4. Tim ist gestern nach Hamburg gefahren. Pierre — morgen.
5. Wir haben schon bezahlt. Wollt ihr auch — ?
6. Frau Berger hat ein Zimmer vermietet. Frau Maier — zwei Zimmer!
7. Ist dein Geld gekommen? Hoffentlich — es morgen.
8. Hast du das vergessen? Nein, das — ich nicht!
9. Haben Sie schon Wein oder Bier getrunken? Nein, wir — keinen Wein und kein Bier!
10. Pierre hat im Sommer-Semester in Hamburg studiert. Im Winter-Semester — er in München.

D *Insert the missing words.*
1. Die Studentin hat dem Ausländer geholfen.
   Der Ausländer dankt — Studentin.
2. Herr Ricardo gibt die Blumen nicht dem Gepäckträger.
   Er gibt sie — Dame.
3. Wem haben Sie es gesagt, Fräulein Suma?
   Ich habe es — Freundin gesagt.
4. Bring diesem Gast das Bier
   und — Dame dort den Wein!
5. Guten Tag Gisela, wie geht es Ihnen
   und — Freundin?
6. Aki zeigt seinem Freund den Bahnhof,
   und Tim zeigt — Freundin die Universität.

E *Insert the answers.*
1. Mit wem haben Sie eine Verabredung? Mit einem Herrn oder **mit** einer Dame?
   — — — !
2. Möchten Sie zum Olympia-Stadion oder **zur** Universität?
   — — — — !
3. Wie geht es Ihrem Freund? Wie geht es **Ihrer** Freundin?
   — — geht es gut, danke!
4. Gehört dieser Koffer dem Ausländer oder **dieser** Dame?
   — — — — — .
5. Schaut Pierre **mit** einer Dame oder einem Kind aus dem Fenster?
   — — — .
6. Ist Suma jetzt in der Universität oder **in dem** Stadion?
   — — — — — .
7. Muß Herr Ricardo zum Fußballspiel, **zur** Bank oder zum Bahnhof?
   — — — — .
8. Bitte, telefonieren Sie **von einer** Telefonzelle oder von Ihrem Hotel?
   — — — — .

F *Insert the missing words.*
1. Herr Ricardo hat das Geld — — Tasche genommen.
2. Wer kommt dort — — Telefonzelle?
3. Sehen Sie die Kirche — — Universität?
4. Die Dame hat — — Anmeldung dem Portier ihren Paß gezeigt.
5. Was kann ein Student — — (1) Mark machen?
6. — — Eintrittskarte können Sie nicht in diese Vorstellung gehen.
7. Suma und Gisela müssen heute noch — Bank gehen.
8. Es ist nicht weit — Universität.

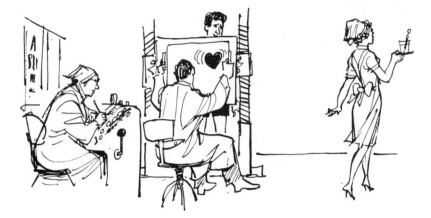

Rauchen ist ungesund!

Smoking is unhealthy!

The care provided for trainees in Germany includes a medical examination at the beginning of their stay. Aki reports to Dr. Müller.

A = *Aki*; Dr = *Dr. Müller*; D = *Doorman*; Pr = *Professor (ophthalmologist)*

A Bitte, zu Dr. Müller!	To Dr. Müller please!
D Dr. Müller? Zimmer 12, erster Stock!	Dr. Müller? Room 12, first floor (*Am.* second floor)!
Bitte, nehmen Sie den Lift!	Please take the lift.

On the first floor Aki asks again, this time a nurse.

N = *Nurse*

A Bitte, zu Dr. Müller!	To Dr. Müller please?
N Zimmer 12! Gehen Sie durch den Gang!	Room 12. Go down the corridor.

A (liest) „Dr. Müller, Praktischer Arzt."
(Liest) „Der nächste bitte!"
Dr Bitte, machen Sie den Oberkörper frei!
Ziehen Sie auch das Hemd aus!
Bitte, setzen Sie sich auf das Sofa!
Sind Sie krank?
A Nein, ich bin nicht krank!
Dr Machen Sie den Mund auf!
Zeigen Sie Ihre Zunge!
Haben Sie Halsschmerzen?
A Nein, ich habe keine Halsschmerzen.
Dr Haben Sie manchmal Kopfschmerzen?
A Nein, ich habe nie Kopfschmerzen.
Dr Gut! Jetzt machen Sie das: Einatmen, nicht atmen, ausatmen.
Nervös!
Rauchen Sie viel?
A Nein, ich rauche nicht viel.
Dr Na, wieviel? 10, 20, 30 Zigaretten?

Ihr Herz ist sehr nervös!
A Ich rauche sehr wenig!
Dr Husten Sie, bitte!
Ihre Lunge ist gesund; aber Sie dürfen nicht so viel rauchen!
Bitte, legen Sie sich zurück!
Tut das weh?
A Nein, das tut nicht weh!
Dr Gut, Sie können sich wieder anziehen.
A Bin ich gesund?
Dr Ja, aber Sie dürfen nicht so viel rauchen. Ihr Herz!
Bitte, setzen Sie sich jetzt auf den Stuhl! Hören Sie jetzt und sprechen Sie nach:
Rauchen Sie viel?
A Nein, ich rauche wenig!
Dr Nicht antworten! Nachsprechen: Sie dürfen nicht so viel rauchen!

(reads) "Dr. Müller, general practitioner (Am. medical practitioner)."
(Reads) "Next please."
Please take your clothes off, down to the waist.
Take your shirt off, too.
Please sit down on the sofa.
Are you ill?
No, I am not ill.
Open your mouth.
Show me your tongue.
Have you a sore throat?
No, I haven't got a sore throat.
Do you have a headache sometimes?
No, I never have a headache.
Good. Now do this — breathe in, hold it, breathe out.
Nervous!
Do you smoke a lot?
No, I don't smoke much.
Well, how many? 10, 20, 30 cigarettes?
You have a very nervous heart.
I smoke very little.
Cough please!
Your lungs are sound; but you must not smoke so much!
Please lie back!
Does that hurt?
No, that doesn't hurt.
All right, you can get dressed again.
Am I healthy?
Yes, but you must not smoke so much.
Your heart!
Please sit down on the chair now.
Now listen, and repeat after me:
Do you smoke a lot?
No, I smoke very little.
Don't answer! Repeat after me:
You must not smoke so much.

A Sie dürfen nicht so viel rauchen!	You must not smoke so much.
Dr Richtig!	That's right.
A Sind meine Ohren gut?	Are my ears all right?
Dr Nein, Ihr Gehör ist gut!	No, your hearing is all right.
Ihren Schein, bitte!	Your certificate, please.
Sie müssen noch zum Augenarzt!	You still have to go to the ophthalmologist.

Aki almost follows the pretty nurse who is going to the dentist's. Dr. Müller shows him the right door for the ophthalmologist.

Dr Nein, das ist der Zahnarzt. Diese Tür!	No, that's the dentist. This door.
Pr Hier sehen Sie eine Tafel! Können Sie die Wörter lesen?	Here you see a chart. Can you read the words?
A Ja, aber die Wörter sind sehr klein.	Yes, but the words are very small.
Pr Gut, lesen Sie die erste Zeile!	Good, read the first line.
A Rauchen ist ungesund!	Smoking is unhealthy.
Pr Gut, die zweite Zeile bitte!	Good, the second line please.
A Sie dürfen nicht so viel rauchen!	You must not smoke so much.
Pr Richtig! Sie sehen sehr gut. Ihre Augen sind sehr gut.	Right! Your sight is very good. Your eyes are very good.
Sie sind jetzt fertig.	You are finished now.
A Danke, Herr Professor!	Thank you Professor.

Now Aki follows the pretty nurse after all and suddenly finds himself in the dentist's chair.

D = Dentist

| A Ich habe keine Zahnschmerzen! | I haven't got toothache. |
| D Aber dieser Zahn ist sehr schlecht! | But this tooth is very bad. |

Wie sagt man auf deutsch?
How do you say it in German?

1.

Setzen Sie sich auf den Stuhl!	wo--hin?	auf + Acc.
Setzen Sie sich auf das Sofa!	wo--hin?	
Stellen Sie den Koffer in den Schrank!	wo--hin?	in + Acc.
Frl. Roth geht in die Universität.	wo--hin?	

auf, in, an, neben, vor *take the accusative, when a person or thing changes location. The question is:* **wo--hin?**
Only M nouns have a special form of article for the accusative singular.

112

2.

Setzen Sie sich auf das Sofa!	*Inf.:* sich setzen
Legen Sie sich zurück!	sich legen

sich
Cf. 17/2—3

The action affects the subject itself.

3.

Bitte, atmen Sie langsam aus!	ausatmen
Jetzt atmen Sie wieder ein!	einatmen
Jetzt atmen Sie . . . . . . nicht!	nicht atmen

Cf. 11/2

Verb and preposition together often form a new word.

4.

Ihr Gehör ist gut.	*(Sing.) Adjective*
Ihre Augen sind gut.	*(Plur.) Adjective*
Sie sehen sehr gut.	*(Like an adverb!)*

Adjective

Adverb

After the verb the adjective always remains unchanged.

5.

Sind Sie krank?	Nein, ich bin nicht krank.
Tut das weh?	Nein, das tut nicht weh.
	Haben Sie manchmal Kopfschmerzen?
	Nein, ich habe nie Kopfschmerzen.

(C)

Cf. 2/10

The complement of the predicate always remains at the end.

6.

Haben Sie Halsschmerzen?	Nein, ich habe keine Halsschmerzen.
Haben Sie Feuer?	Nein, ich habe kein Feuer, leider!

Cf. 4/5
kein

*Nouns without articles are negated with **kein (keine)**.*

7.

Rauchen Sie viel?	Nein, ich rauche nicht viel!
Rauchen Sie viel?	Nein, ich rauche wenig!

viel
wenig

8.

Na, **wieviel?** zehn, zwanzig, dreißig Zigaretten?	
Sie dürfen nicht **so viel** rauchen!	

wieviel
so viel

9.

Rauchen ist **nicht** gesund! Rauchen ist **ungesund!**	*(Thing)*
Herr X. ist **nicht gesund**; Herr X. ist **krank.**	*(Person)*

un-

113

10.
Zu Dr. Müller? Zimmer 12, erster Stock (= 1. Stock)! **1.**
Bitte, lesen Sie die erste Zeile (= 1. Zeile)! **1.**
Bitte, lesen Sie die zweite Zeile (= 2. Zeile)! **2.**

11.
Ihren Schein bitte! d. h.: Geben Sie mir Ihren Schein, bitte!

Wörter
Vocabulary

der Arzt/Ärzte	doctor
der Augenarzt	ophthalmologist
der Zahnarzt	dentist, dental surgeon
derDoktor/en(Dr.)	doctor (Dr.)
der praktische Arzt	general practitioner (Am. medical p.)
das Auge/n	eye
das Gehör	hearing
der Hals/Hälse	throat
die Halsschmerzen	sore(ness of) throat
der Kopf/Köpfe	head
die Kopfschmerzen	headache
der Zahn/Zähne	tooth
die Zahnschmerzen	toothache
der Schmerz/en	pain
das Herz/en	heart
der Körper/—	body
der Oberkörper	upper part of body
die Lunge/n	lung
der Mund/Münder	mouth
das Ohr/en	ear
die Zunge/n	tongue
das Hemd/en	shirt
der Stuhl/Stühle	chair
die Tafel/n	chart
das Wort/Wörter	word
die Zeile/n	line
die Zigarette/n	cigarette

der Gang/Gänge	corridor
der Lift/s	lift (Am. elevator)
der Stock	floor, storey
die Tür/en	door
antworten	to answer
atmen	to breathe
husten	to cough
zeigen	to show
aufmachen	to open
ausatmen	to breathe out
ausziehen	to undress
einatmen	to breathe in
freimachen	to bare (part of body)
nachsprechen	to repeat (after somebody)
weh tun	to hurt
anziehen, sich	to dress
zurücklegen, sich	to lie back
setzen, sich	to sit down
gesund	healthy, sound
krank	ill
nervös	nervous
schlecht	bad
ungesund	unhealthy
wenig	little
manchmal	sometimes
nie	never

A *Insert the missing words.*
1. Suma bringt die Bücher — — Bibliothek.
2. Die Studentin geht um 9 Uhr — — Vorlesung.
3. Zum Essen gehen wir immer — — Mensa.
4. Professor Müller geht heute nicht — — Klinik.
5. Tim und Pierre stellen sich — — Plattform.
6. Bitte, legen Sie den Koffer nicht — — Tasche.

B *Insert the missing words.*
1. Wohin geht die alte Dame?   Dort in   —   Abteil.
2. Wohin kann ich meinen Koffer   In   —   Netz.
    legen?
3. Wohin darf ich mich setzen?   Neben   —   Paket.
                            Dort auf   —   Sofa, bitte.
4. Wohin geht Aki denn jetzt?   Durch   —   Zimmer.
                            In   —   Bad.
5. Wohin hat er die Eintrittskarten   In   —   Buch dort.
    gelegt?

C *Insert* zum, zur *or* nach.
1. Dieser Zug fährt — Rothenburg.
2. Aki ist schon gestern — Augenarzt gegangen.
3. Ist es weit — Universität?
4. Suma und Gisela müssen noch — Bank.
5. Ist Herr Ricardo gestern — Hamburg gefahren?
6. Gehen Sie auch — Essen?
7. Wie komme ich — Augenklinik?
8. Herr Ricardo begleitet Tim — Bahnhof.

D *Insert the missing words.*
1. Bitte, **sprechen** Sie den Satz **nach**!   Nein, ich kann den Satz nicht — !
2. Tut das sehr weh?   Nein, das kann nicht sehr — — !
3. Bitte, atmen Sie jetzt langsam aus!   Ich kann nicht langsam — !
4. Ich ziehe mich jetzt wieder an!   Ja, jetzt können Sie sich wieder — !
5. Bitte, treten Sie ein!   Darf ich — ?
6. Tim steigt dort ein.   Wo muß ich — ?

E *Insert the missing words.*
1. Setzen Sie sich auf den Stuhl!
    Was macht Aki?   Er — — auf den Stuhl.

2. Legen Sie sich bitte zurück!
   Was macht Aki?   Er — — zurück.
3. Setzen Sie sich jetzt auf das Sofa!
   Was macht Aki?   Er — — jetzt auf das Sofa.
4. Setzen Sie sich bitte! (sagt der Zauberer zu Pierre und Tim).
   Was machen die beiden?   Sie — — auf das Sofa.

F *Insert the missing words.*

1. Wohin setzt sich Aki?   Aki — — auf — Sofa.
2. Wohin setzt sich Pierre?   Pierre — — in — Sessel.
3. Wohin setzt sich Dr. Müller?   Dr. Müller — — auf — Stuhl.
4. Wohin setzen sich Tim und   Tim und Pierre — — in — Sessel.
   Pierre?
5. Wohin setzen sich Aki und sein   Aki und sein Freund — — auf — Stühle.
   Freund?
6. Wohin geht Professor Müller?   — — — in — Hörsaal.
7. Wohin legt Pierre das Paket?   — — — — neben — Koffer.
8. Wohin gehen Tim und Pierre   — und — — heute durch — Wald.
   heute?
9. Wohin stellt der Ober den Salat?   — — — den Salat auf — Tisch.
10. Wohin legt Ricardo seinen Paß?   — — seinen Paß in — Schrank.

So ein Zufall!

What a coincidence!

Miss Shivutse from Africa wants to study in Germany. Whenever difficulties crop up, she meets Suma or the latter's friend Gisela, who help her. Out of gratitude she wants to invite Suma to afternoon tea, as she has just moved into a room in the students home. But Suma has an invitation from her girl friend, who has just got a new room-mate. The room-mate is none other than —
Shivutse.

S = *Suma;* G = *Gisela;* Sh = *Shivutse;* St = *Student*

Sh Ich möchte Medizin studieren.	I want to study medicine.
St Ja?	Do you?
Sh Es gibt so viele Vorlesungen, welche muß ich hören?	There are so many lectures, which ones must I attend?
St Das kann ich Ihnen leider nicht sagen. Ich studiere nämlich Musik.	I'm sorry, I can't tell you. You see, I'm studying music.

G Sie wollen Medizin studieren?	You want to study medicine?
Sh Ja.	Yes.

S Sind Sie zum ersten Mal in Deutschland?	Are you in Germany for the first time?
Sh Ja, ich bin zum ersten Mal in Deutschland.	Yes, I'm in Germany for the first time.
G Ich studiere Medizin!	I am studying medicine.
Sh Ja?	Are you?
G Wissen Sie: Sie müssen die Vorlesungen hier selbst wählen!	You know, you have to choose the lectures yourself here.
Sh Ja, aber welche? Hier sind so viele Vorlesungen!	Yes, but which ones? There are so many lectures here.
G Sehen Sie: Im ersten Semester belegen Sie . . .	Look, in the first semester you register for . . .

Suma's friend Gisela explains to the new student which lectures she must register for.

Sh Gut, jetzt weiß ich Bescheid! Ich danke Ihnen herzlich. Auf Wiedersehen!	Good, now I know. Thank you so much. Good-bye!

By chance the girls meet at the registrar's again.

S So ein Zufall!	What a coincidence!
Sh Bekommt man hier die Formulare für die Anmeldung beim — wie heißt das? —	Do you get the forms here for registering at the — what's it called? —
S Beim Einwohnermeldeamt?	At the Residents Registration Office?
Sh Ja, so heißt das!	Yes, that's the name.
S Die bekommen Sie dort am Schalter 2.	You get them there, at counter No. 2.

Gisela and Suma alone.

G Heute nachmittag bekomme ich eine neue Zimmerkollegin. Ich mache Tee. Kommst du auch?	This afternoon I'm getting a new room-mate. I'm making tea. Will you come, too?
S Ja gerne. Ich möchte deine Zimmerkollegin kennenlernen. Kennst du sie schon?	I'd love to. I'd like to meet your new room-mate. Do you already know her?
G Nein; ich kenne sie auch noch nicht. Ich bin sehr neugierig.	No, I don't know her yet either. I'm very curious about her.

Suma again meets Miss Shivutse by chance at the registrar's.

S Oh, guten Tag! Das ist ein Zufall!	Oh, good day! This is a coincidence.
Sh Ist das richtig? Ich möchte mich immatrikulieren.	Is this right? I want to enrol.
S Nein, an diesem Schalter belegen wir die Vorlesungen.	No, we register for lectures at this counter.
Dort ist der Schalter für die Ein- schreibung.	There is the counter for enrolment.
Sh Vielen Dank. Sie sind sehr freund- lich.	Thank you very much. You're very kind.
S Ich helfe Ihnen gern.	I'm glad to help you.
Ich bin auch Ausländerin!	I am a foreigner, too.
Sh Bitte, ich möchte Sie einladen!	Please, I would like to invite you (to tea).
Heute bekomme ich ein Zimmer im Wohnheim.	I am getting a room in the students home today.
Haben Sie Zeit?	Have you got the time?
S Heute?	Today?
Sh Ja, heute nachmittag!	Yes, this afternoon.
S Nein danke, heute nachmittag habe ich leider keine Zeit!	No thank you, I'm sorry I haven't the time this afternoon.
Ich habe schon eine Verabredung.	I already have another date.
Sh Oh, schade!	Oh, what a pity.

To her surprise Suma meets Miss Shivutse again at the students home.

S Oh, Sie sind da? Das ist wirklich ein Zufall!	Oh, you're here? That is really a coincidence.
Sh Wohnen Sie auch im Wohnheim?	Do you live in the students home, too?
S Nein, ich besuche hier eine Freundin!	No, I am visiting a friend here.
Sh Und ich suche hier mein Zimmer! Zimmer 66.	And I am looking for my room here. Room 66.
S Da wohnt meine Freundin Gisela!	That's where my friend Gisela lives.
Sh Da wohne ich jetzt auch.	I live there now, too.
G Ach, Sie sind Frl. Shivutse?	Ah, you're Miss Shivutse!
Sh Ja, mein Name ist Shivutse.	Yes, my name is Shivutse.
G Ich habe Tee gekocht.	I have made tea.
S Ich habe Kuchen gekauft.	I have bought cake.
Sh Ich habe auch Kuchen! So ein Zufall!	I have bought cake, too. What a coincidence!

Wie sagt man auf deutsch?
How do you say it in German?

1.

Formulare bekommen Sie am Schalter 2.   wo? **an dem** = **am**
Kuchen und Tee stehen auf dem Tisch.   wo? **auf dem**
Die Universität ist neben dem Wohnheim.   wo? **neben dem**
Ich bekomme ein Zimmer im Wohnheim.   wo? **in dem** = **im**
Frl. Shivutse steht vor dem Schalter.   wo? **vor dem**

an, auf, in, neben, vor *take the dative in answer to the question* **wo**? *The dative forms are the same for M and N nouns. (Cf. 14/1)*

2.

F nouns have their own dative forms. (Cf. 13/3)   wo? + **dative**

Suma steht mit Shivutse an der Tür.   wo? **an der**
Suma hat noch Geld auf der Bank.   wo? **auf der**
Ich bekomme ein Zimmer in der Max-Planck-Straße.   wo? **in der**
Das Wohnheim ist neben der Universität.   wo? **neben der**
Frl. Shivutse steht vor der Tafel.   wo? **vor der**

3.

    wann? + **dative**
Am Samstag sind alle Banken geschlossen.   wann? **an dem** = **am**
Im Mai müssen Sie die Vorlesungen belegen.   wann? **in dem** = **im**
Im ersten Semester belegen Sie Physik.   wann? **in dem** = **im**
Vor dem Sommer mache ich alle Examen.   wann? **vor dem**

an, in, vor, nach *also take the dative in answer to* **wann**?

4.

Examples of F nouns: **wann?** + **dative**

In dieser Woche bekomme ich ein Zimmer.   wann? **in dieser**
Vor einer Stunde habe ich das Geld bekommen.   wann? **vor einer**

5.

Verbs that require the dative for the person and prepositions that always take the dative:

	(M)	(F)
	-em	-er
danken, geben, gehören, helfen, sagen, wie geht's?	(12/4)	(13/3)
aus, bei, mit, nach, seit, von, zu.	(12/6)	(13/3)

6.
In reply to the question **wo?** an, in, vor, auf, neben.
In reply to the question **wann?** an, in, vor.

| (15/1) (15/2)
| (15/3) (15/4)

7.
In reply to the question **wohin?**
the prepositions: **an, in, vor, auf, neben**
take the accusative (only before M nouns).

| (14/1)

8.
Es gibt so viele Vorlesungen; welche muß ich hören?
Welche Vorlesungen?
Welcher Zug fährt nach Hamburg?
An welchem Schalter bekomme ich die Formulare?

| **welch-e**
| **P   -e**
| **M   -er**

Welcher / welches / welche *demand a choice among several alternatives. They have endings like the article.*

9.

Bekommt man hier die Formulare?	**man** *is an in-*	**man**
Im Sommer kann man nicht Schi laufen.	*definite person!*	
Im Winter kann man nicht baden.	*Always*	
Darf man hier fotografieren?	*unchanged!*	

10.

Kennst du sie?	Ja, ich **kenne** sie.
Ich kenne sie!	Ich kenne sie **auch**!
Kennst du sie?	Nein, ich kenne sie **nicht**.
Ich kenne sie nicht.	Ich kenne sie **auch** nicht.
Kennst du sie schon?	Nein, ich kenne sie **noch** nicht.
Ich kenne sie noch nicht.	Ich kenne sie **auch** noch nicht.

| **(C)**

Read slowly from left to right, and then the right-hand section from top to bottom.

11.
Wie heißt das? (Einwohnermeldeamt) Ja, **so** heißt das! | **wie — so**

12.
Wissen Sie, Sie müssen die Vorlesungen hier selbst wählen! | **wissen**
Danke, jetzt **weiß ich** Bescheid! | *wissen is irregular:*

Ich weiß du weißt wir wissen	*Endings as for*
er weiß (Cf. 7/3) Sie wissen	*modal verbs.*

die Aus-	*foreigner* (F)	besuchen	*to visit*
länderin/nen (4)		danken	*to thank*
die Freundin/nen	*friend* (F)	kaufen	*to buy*
die Kollegin/nen	*colleague* (F)	kennen	*to know* (persons)
die Zimmer-	*room-mate* (F)	kennenlernen	*to get to know*
kollegin			(persons)
das Amt/Ämter	*office* (government	kochen	*to make* (tea),
	agency)		*to cook*
der Einwohner/—	*resident*	wissen	*to know* (facts)
das Einwohner-	*residents registra-*	Bescheid wissen	*to know* (facts)
meldeamt	*tion office*	immatrikulieren,	*to enrol* (univer-
die Einschreibung	*registration*	sich	sity)
das Formular/e	*form*	melden, sich	*to report* (to some-
das Wohnheim/e	*home, hostel*		body)
der Kuchen/—	*cake*		
der Schalter/—	*counter*	gern	*gladly*
der Tee	*tea*	herzlich	*warm(ly),*
die Zeit/en	*time*		*sincere(ly)*
der Zufall/Zufälle	*coincidence, chance*	heute nachmittag	*this afternoon*
		nämlich	*you see, you know,*
bekommen	*to get, receive*		*namely*
belegen	*to register*	zum ersten Mal	*for the first time*
	(for lectures)		

zum zweiten Mal	*for the second time*
So ein Zufall!	*What a coincidence!*
Sehr gern!	*Very gladly.*
Vielen Dank!	*Thank you very much!*
A: Haben Sie Zeit?	*Have you got the time?*
B: Heute nachmittag habe ich leider keine Zeit!	*I'm sorry, I have no time this afternoon.*
A: Haben Sie Feuer?	*Have you got a light?*
B: Leider nein; ich rauche nämlich nicht!	*I'm sorry, no; I don't smoke, you see.*

A: Haben Sie Hunger? *Are you hungry?*
B: Danke; jetzt habe ich noch keinen *No thank you; I am not hungry yet.*
   Hunger!

Übungen und Aufgaben
Exercises

A *Insert the missing words.*
1. Wo ist die Universität? Sie ist — — Wohnheim.
2. Wo bekomme ich hier die Eintrittskarten? — Schalter.
3. Wo wohnen Sie? — Zimmer 66.
4. Wo ist die Kirche? — — Bahnhof.
5. Wo haben Sie Tim gesehen? — Hörsaal 5.
6. Wo ist morgen das Fußballspiel? — Olympia-Stadion.

B *Insert the missing words.*
1. Hast du noch Geld bei dir?
   Nein, ich habe nur noch Geld — — Bank.
2. Hat Aki ein Zimmer im Wohnheim?
   Nein, er wohnt — — Max-Planck-Straße.
3. Ist das dort Herr Ricardo?
   Nein, Herr Ricardo steht dort — — Tür.
4. Wo warten Sie?
   Wie immer, — — Universität.
5. Kommst du zum Essen?
   Nein, ich esse heute — — Mensa.
6. Aki, das ist nicht richtig!
   Du bist — — Dame ins Zimmer gegangen.

C *Complete the answers.*
1. Wann muß ich die Vorlesungen für das Wintersemester belegen?
   — Oktober oder — November.
2. Wann kommst du zu mir?
   — Samstag.
3. Wann gehen Sie in die Bibliothek?
   — — Essen.
4. Wann hat Suma ihr Examen gemacht?
   — Sommer.
5. Wann läuft man in Deutschland Schi?
   — Winter.
6. Wann möchtest du den Kaffee trinken?
   — — Vorlesung.

D *Insert* welche.

1. Da stehen zwei Herren, — Herr ist Herr Ricardo?
2. Zwei Züge fahren um 9 Uhr ab, — Zug fährt nach Rothenburg?
3. — Dame kommt aus Hamburg?
4. — Buch willst du aus der Bibliothek haben?
5. — Fräulein kommt heute zum Tee?
6. Mit — Studentin gehst du immer in die Vorlesung?
7. Bei — Arzt war Aki heute?
8. Auf — Bank haben Sie Ihr Geld?

Die nächste Führung ist um 11 Uhr!

The next guided tour is at 11 o'clock!

While visiting a mediaeval castle, Pierre has a strange dream. The past becomes the present.

P = *Pierre;* T = *Tim;* St = *Castle Steward;* To = *Various Tourists*

T	*(liest am Eingang zur Burg)* „Die nächste Führung ist um 11 Uhr."	*(reads at the castle entrance)* "The next guided tour is at 11 o'clock."
St	Diese Burg ist 500 Jahre alt. Hier lebte Ritter Heinrich.	This castle is 500 years old. Sir Henry, the knight, lived here.
T	Ah, das war Ritter Heinrichs Burg?	Ah, this was Sir Henry's castle?
St	Ja, das war Ritter Heinrichs Burg.	Yes, this was Sir Henry's castle.
T	Wann lebte Ritter Heinrich?	When did Sir Henry live?
P	Vor 500 Jahren: Die Burg ist 500 Jahre alt!	500 years ago. The castle is 500 years old.
St	Ja, Ritter Heinrich lebte von 1448 bis 1502.	Yes, Sir Henry lived from 1448 to 1502.

125

Wir gehen jetzt weiter.	We will go on now.
Das war Ritter Heinrich.	That was Sir Henry.
T Und wer war das?	And who was that?
St Das war Ritter Heinrichs Mutter	That was Sir Henry's mother,
Karoline. Sie lebte von 1429	Caroline. She lived from 1429 to 1471.
bis 1471.	
Wir gehen jetzt weiter. Das	We will go on now. The sword was
Schwert war früher sehr scharf.	formerly very sharp.

P Bitte, was war das?	Excuse me, what was that?
To Das war der Rittersaal.	That was the hall of knights.
T Was ist das?	What is that?
St Ein Licht! Die Ritter hatten kein	A light. The knights had no electric
elektrisches Licht!	light.
P Kann ich bitte Feuer haben?	May I have a light please?
St Auf der Burg ist Rauchen	Smoking is forbidden in the castle.
verboten! (*Auf einen Schrank*	(*Pointing to a cupboard* [Am. *closet*])
zeigend) Was ist das? Na?	What is that? Well?
T Ein Schrank!	A cupboard (*Am.* closet).
St Ja, das ist ein Schrank.	Yes, that is a cupboard (*Am.* closet).
Hier ist die Tür.	Here is the door.
Aber dieser Schrank hat noch eine	But this cupboard (*Am.* closet) has a
zweite Tür!	second door.

Pierre has remained behind and fallen asleep; in his dream he rides up to his castle.

St Das ist Ritter Heinrichs Burg!	This is Sir Henry's castle.
(*Jetzt erkennt der Kastellan seinen*	(*Then he recognizes his master.*)
Herrn!) Oh, Ritter Heinrich!	Oh, Sir Henry!
P (*auf die Gemälde im Rittersaal*	(*pointing to the paintings in the hall*
zeigend) Das bin ich!	*of knights*) That is me.
T Und wer ist das?	And who is that?
P Das ist meine Mutter!	That is my mother!
Das Schwert ist sehr scharf!	The sword is very sharp.
Kann ich bitte Feuer haben?	May I have a light?
To Rauchen verboten!	Smoking is forbidden.
P Was ist das?	What is that?

The steward ungently arouses Pierre from his dreams.

St Hallo, Hallo! Bitte, kommen Sie!	Heh, heh! Please come along.
Wir gehen jetzt weiter.	We are going on now.

Wie sagt man auf deutsch?
How do you say it in German?

1.

Was ist das?	Das ist eine Burg.
Was war das?	Das war Ritter Heinrichs Burg.

war

war *is the preterite of* **sein.**

2.

Heute haben wir elektrisches Licht.
Die Ritter hatten kein elektrisches Licht.

hatte

hatte *is the preterite of* **haben.**

3.

Jetzt lebt Ritter Heinrich nicht mehr.
Hier lebte Ritter Heinrich vor 500 Jahren.

lebte

lebte *is the preterite of* **leben.**

4.

Ich war	du warst	wir waren	‖	Ich hatte	du hattest	wir hatten
er war	*(Cf. 7/3)*	Sie waren	‖	er hatte	*(Cf. 7/2)*	Sie hatten

The preterite form of all weak verbs is formed with the same endings as **hatte**
and **lebte** *(Part. ending: -t).*

ge-sagt	ge-fragt	ge-hört	studiert	bestellt
er sagte	er fragte	ich hörte	er studierte	wir bestellten

5.

Das war Ritter Heinrichs Mutter.
Das ist Tims und Pierres Gepäck!

**Genitive
M/S: -s**

In the genitive names are often placed in front of nouns.

6.

Das war die Burg des Ritters.	der Ritter
Das war die Mutter des Kindes.	das Kind

**des -s
(-es)**

In the normal position the genitive form for M and N nouns is
des + *ending* **-s (-es).**

127

7.
Heinrich war der Herr **der** Burg.
Der Name mein**er** Mutter ist Karoline.
Dort lesen Sie die Abfahrt **der** Züge.

For F and P nouns the genitive article is **der** | **der**

8.

Die Burg ist 500 Jahre alt.	Die Burg ist sehr alt.
Tim ist 20 Jahre alt.	Tim ist nicht alt; er ist jung!
Wie alt sind Sie?	Ich **bin** 25 Jahre **alt**.

alt

9.

Die Burg ist 500 Jahre **alt**.	*The units of measure precede*
Die Straße ist 500 km **lang**.	**alt** *and* **lang**.

lang

10.

Numbers:	4 vier	4 vier	4 vier
	40 vierzig	14 vierzehn	40 vierzig
	400 vierhundert	1400 vierzehnhundert	48 achtundvierzig

1448 vierzehnhundertachtundvierzig	*This is the way to*
1966 neunzehnhundertsechsundsechzig	*say and read*
1969 neunzehnhundertneunundsechzig	*numbers.*

1966

11.
Ich bin am 10. 1. 1951 in München geboren.
Ich bin am zehnten Januar neunzehn-hundert-ein-und-fünfzig
in München geboren. *(Date!)*   **Date**
Die Straße ist 1951 km lang.
Die Straße ist tausend-neunhundert-ein-und-fünfzig Kilometer
lang.   **tausend**

Wörter
Vocabulary

die Burg/en	*castle*	leben	*to live*
die Führung/en	*guided tour*	weitergehen	*to go on*
das Licht/er	*light*		
die Mutter/Mütter	*mother*	elektrisch	*electric(al)*
der Vater/Väter	*father*	geboren	*born*
die Eltern	*parents*	scharf	*sharp*
der Ritter/—	*knight*	früher·	*former(ly)*
der Rittersaal/	*hall of knights*	von	*from* (time)
Rittersäle		bis	*to* (time)
der Saal/Säle	*hall*	vor	*ago* (time)
das Schwert/er	*sword*		

Wendungen		
Phrases		

auf der Burg (16) — *at (in) the castle (16)*
auf der Bank (13) — *at the bank (13)*
auf der Plattform (6) — *on the platform (6)*
die zweite Tür (16) — *the second door (16)*
die zweite Zeile (14) — *the second line (14)*
auf dem Zimmer (9) — *in the room (9)*
auf dem Bahnsteig (6) — *on the railway platform (6)*
auf Gleis 7 (6) — *on track 7 (6)*
im zweiten Stock (14) — *on the second (Am. third) floor (14)*
zum zweiten Mal (15) — *for the second time (15)*

Übungen und Aufgaben
Exercises

A *Use the preterite in the answers.*
(*The preterite is used almost exclusively in written and the perfect in spoken German.*)

1. Wer hat auf dieser Burg gelebt?
   Ritter Heinrich — — — — .
2. Wo hast du studiert?
   — — — München.
3. Was habt Ihr bestellt?
   Wir — Kalbsschnitzel mit Salat.
4. Hat das Bier geschmeckt?
   Ja, danke, — — — sehr gut.
5. Wo hat Tim Deutsch gelernt?
   — — in Rothenburg Deutsch.
6. Hat Suma bei ihrer Freundin gewohnt?
   Nein, — — im Studentenheim.

B *Form the genitive.*

0. Gehört das Gepäck dem Professor aus Hamburg?
   Ja, das ist das Gepäck des Professors aus Hamburg.
1. Gehörte einem Ritter diese Burg?
   Ja, das war die Burg — — .
2. Gehört das Schwert Tim?
   Nein, das ist nicht — — .
3. Gehört die Brieftasche Ihnen?
   Nein, das ist die Brieftasche — Freund——.

4. Gehört der Wecker dem Meister?
   Nein, das ist doch Aki— Wecker.
5. Gehören Ihnen der Koffer, das Paket und die Reisetasche?
   Nein, das sind der Koffer, das Paket und die Reisetasche — Dame.
6. Ist das Tims Ball?
   Nein, das ist der Ball — Kind—.

C *Insert the answers.*

0. Wie alt ist dein Meister? (40 Jahre)
   Mein Meister ist 40 Jahre alt.
1. Wie alt ist der Praktikant? (18 Jahre)
   — — — — — — .
2. Wie lang ist diese Straße? (2 km)
   — — — — — — .
3. Wie lang ist dieser Rittersaal? (14 m)
   — — — — — — .
4. Wie alt ist dieses Schwert? (400 Jahre)
   — — — — — — .
5. Wie alt ist Suma? (19 Jahre)
   — — — — — .

D von . . . bis

0. Wie lange dauern heute deine Vorlesungen?
   Meine Vorlesungen dauern heute von 9 Uhr bis 12 Uhr, also 3 Stunden.
1. Wie lange lebte Ritter Heinrich?
   Ritter Heinrich — — 1448 — 1502, also — Jahre.
2. Wie lange haben Sie gestern gearbeitet?
   Wir — — 8 Uhr — 14 — — , also — Stunden.
3. Wie lange kann man in Deutschland Schi fahren?
   Man — in Deutschland — Dezember — März Schi fahren, also
   — Monate.
4. Wie lange sind Sie von München nach Hamburg gefahren?
   — München — Hamburg — — — 10 Uhr — 20 —
   — , also — Stunden.
5. Wie lange wart Ihr in Rothenburg?
   Wir — — Montag — Freitag in Rothenburg, also — Tage.

E war *or* hatte?

1. Das Essen — gut.
2. Ich — doch meine Brieftasche im Koffer!
3. — das Fußballspiel im Olympia-Stadion?
4. — das Ritter Heinrichs Burg?
5. Die Ritter — kein elektrisches Licht.
6. Wer — das? Das — Ritter Heinrichs Mutter Karoline.

Was machen wir jetzt?

What shall we do now?

Suma wants to learn to ski. The girls have difficulties with the car on the snow-covered road. A hold-up by masked robbers proves to be merely a carnival joke, and the two young men help to get the car moving again; but in the process Barbara's purse is lost.

S = Suma; B = Barbara; D = Dieter; W = Wolfgang; A = All

S	Was machen wir jetzt?	What shall we do now?
B	Ja, was machen wir jetzt?	Yes, what shall we do now?
	Schieben!	Push!
S	Was?	What?
B	Schieben! So: Schieben!	Push! Like this — push!
	Komm! Hilf!	Come and help.

Two masked figures approach with threatening mien.

D	Geld oder Leben!		Your money or your life!
W	Geld oder Leben!		Your money or your life!
B	Geld? ...		Money? ...
D	... oder Leben!		... or your life!
B	Geld! *(Gibt es ihm)*		Money! *(Gives it to him)*

The young men remove their masks; everybody laughs; the purse is forgotten.

D	Und jetzt?		And now?
W	Ja, was machen wir jetzt?		Yes, what shall we do now?
S	Schieben? Das geht nicht!		Push? That won't work.
D	Es geht!		It will.
B	Danke schön!		Thank you.
W	Bitte!		It's a pleasure.
S	Vielen Dank, auf Wiedersehn!		Thank you very much, auf Wiedersehn (till we meet again)!
D	Auf Wiedersehn?		Auf Wiedersehn?

The girls drive on; then Wolfgang discovers the forgotten purse.

W	Der Geldbeutel!		The purse.
D	Jetzt haben wir den Geldbeutel!		Now we've got the purse.
W	Und was machen wir jetzt?		And what shall we do now?
D	Also: Auf Wiedersehn!		Well, auf Wiedersehn!

At the ski lift Barbara misses her purse.

B	Mein Geld! Wo ist mein Geld?		My money! Where is my money?
S	Ich bezahle für dich!		I'll pay for you.
B	Mein Geldbeutel ist weg.		My purse is gone.
S	*(zum Liftmann)* Zweimal! Laß nur, ich bezahle für dich!		*(to lift-man)* Two! Don't bother, I'll pay for you.
B	Ich habe meinen Geldbeutel verloren!		I've lost my purse.
S	War es viel?		Was it a lot?
B	Viel war es nicht!		It wasn't a lot.

Now the two young men also have trouble with the car.

D	Setz dich in den Wagen!		Get into the car!
W	Halt, es geht nicht!		Stop, that won't work.
D	Schieb du! Ich setze mich in den Wagen!		You push! I'll get into the car.

Suma uses a ski lift for the first time.

L = *Lift-man*

L	Festhalten! Halten Sie sich fest! So: Zurücklehnen! Lehnen Sie sich zurück! Jaja, lehnen Sie sich ganz bequem zurück!	Hold tight. Hold on tightly. This way — lean back! Lean back! Yes, yes, lean back comfortably.

On the slope skiing instruction begins for Suma.

B	Nein, nicht zurück, halt! Du darfst dich nicht zurücklehnen! So: Nach vorne! Ja: Man muß sich immer vorbeugen.	No, not backwards, stop. You must not lean back! Like this — lean forwards. Yes — you must always lean forwards.
S	Das ist sehr schwer!	That is very difficult.
B	Nein, das ist ganz einfach!	No, it is quite simple.
S	Das ist wirklich ganz einfach! *(Sie fällt in den Schnee.)*	It is really quite simple. *(She falls into the snow.)*
B	Und jetzt beug dich vor! Noch einmal: Du beugst dich vor...	And now bend forwards. Again — You bend forwards...
S	Ich beuge mich vor...	I bend forwards...
B	Und jetzt los!	And now off we go.

Meanwhile the young men are trying to find the owner of the purse.

Sk = *Skier*

D	Vielleicht die?	Her perhaps?
W	Haben Sie Ihren Geldbeutel verloren?	Have you lost your purse?
Sk	Wie bitte?	Pardon?
W	Nein, das ist nicht Ihr Geld!	No, that is not your money.
D	Wir finden sie nicht!	We can't find her.
W	Es ist kalt! Was machen wir jetzt?	It's cold. What shall we do now?

They are on the point of giving up, then they see two girls in the hut.

W	Entschuldigen Sie, möchten Sie tanzen?	Excuse me, would you like to dance?
D	Möchten Sie ein Glas Sekt?	Would you like a glass of champagne?
W	Haben Sie Ihren Geldbeutel verloren?	Have you lost your purse?
B	Ja!!!	Yes!!!
A	Prost!	Cheers!

133

1.

Lehnen Sie sich zurück!	Suma muß sich zurücklehnen.
Halten Sie sich fest!	Im Bus hält man sich immer fest.
Setzen Sie sich auf den Stuhl!	Er setzt sich auf den Stuhl.
Das Rad dreht sich langsam.	Jetzt dreht es sich **schnell**.

2.

*In these cases (**3rd person** singular and plural and in the* **infinitive**) *the reflexive pronoun is always* **sich**. *(Cf. 14/2)* | **sich**

3.

Ich setze mich in den Wagen.	Setz dich in den Wagen! (du)	**mich**
Ich beuge mich vor.	Beug dich vor! (du)	**dich**

mich *is the accusative and the reflexive pronoun of* **ich**.
dich *is the accusative and the reflexive pronoun of* **du**.

4.

Distinguish between: accusative: *... and dative:* | **mich, mir**

Meine Freundin besucht mich.	Mein Freund hilft mir.
Ich besuche dich.	Ich helfe dir.
Mein Freund bezahlt für mich.	Kommst du heute zu mir?
Ja, ich bezahle für dich.	Ja, ich komme zu dir.

5.

Jetzt haben wir den Geldbeutel!	Es war nicht **viel**!
Was machen wir **jetzt**?	**Viel** war es nicht!

(C)

The verb always remains in second place.

6.

Das ist doch **ganz einfach**!
Lehnen Sie sich **ganz bequem** zurück. | **ganz**

ganz *adds emphasis to adjectives.*

7.

Möchten Sie ein **Glas Sekt**? Dieser Praktikant biegt ein **Stück Blech.**

The nouns for the unit of measure and the content are simply placed next to each other.

134

Wörter
Vocabulary

der Geldbeutel/—	*purse*	festhalten, sich	*to hold on tightly*
das Glas/Gläser	*glass*	vorbeugen, sich	*to lean forward(s)*
der Hut/Hüte	*hat*	zurücklehnen, sich	*to lean back*
das Leben	*life*		
der Sack/Säcke	*sack*	einfach	*simple (simply)*
der Schnee	*snow*	kalt	*cold*
der Sekt	*champagne*	warm	*warm*
der Wagen/—	*car*	nach vorn(e)	*forward(s)*
		noch einmal	*again*
schieben	*to push*	es geht (nicht)	*it works (it won't*
tanzen	*to dance*		*work)*
verlieren	*to lose*		

Wendungen
Phrases

Bitte festhalten!	*Please hold on tightly!*
Ich finde meinen Paß nicht.	*I can't find my passport.*
Haben Sie etwas verloren?	*Have you lost something?*
Haben Sie meine Brieftasche gefunden?	*Have you found my wallet?*
Möchten Sie ein Glas Bier oder Saft?	*Would you like a glass of beer or juice?*
Danke!	*Thank you!*
Danke schön!	*Thank you very much!*
Danke sehr!	*Thank you very much!*
Vielen Dank!	*Many thanks!*
Bitte!	*Please; not at all!*
Bitte schön!	*It's a pleasure!*
Bitte sehr!	*Not at all.*
Gestatten Sie?	*Permit me! May I?*

A Stück *or* Glas?
1. Aki muß ein   —   Blech biegen.
2. Möchten Sie noch ein   —   Fleisch?
3. Ein   —   Sekt schmeckt Ihnen sicher gut.
4. Mittags esse ich gern ein   —   Kuchen.
5. Trinken Sie mit mir ein   —   Bier?
6. Sie hat gestern nachmittag 3   —   Tee getrunken.
7. Noch ein   —   Fleisch, bitte?
8. Geben Sie mir nur ein   —   Brot.

B *Form the imperative* (du-*form*).
1. Ich habe mich gesetzt,   bitte, — — auch!
2. Ich habe mich schon vorgebeugt,   — — auch — !
3. Ich habe mich im Bus festgehalten,   — — auch — !
4. Ich habe mich zurückgelehnt,   — — doch auch — !
5. Ich war krank und habe mich aufs Sofa gelegt, — — doch auch aufs Sofa!

C *Insert the missing words.*
1. Mein Freund besucht mich heute; er will   —   bei der Arbeit helfen.
2. Wir besuchen dich morgen; können wir bei   —   essen?
3. Ich warte auf dich am Bahnhof; schreib   —   aber noch eine Postkarte.
4. Ich habe dich eingeladen; aber deine Freundin kommt doch mit   —   ?
5. Ich freue mich sehr; es macht   —   viel Vergnügen.

D *Insert the missing words.*
1. Halten Sie   —   fest!
2. Im Bus hält man   —   fest!
3. Darf man   —   setzen?
4. Setzen Sie   —   bitte aufs Sofa!
5. Leg   —   ins Bett, du bist krank!
6. Beugen Sie   —   langsam vor!
7. Tim sagt zu Aki: Ich danke   —   sehr!

Der Anzug paßt nicht zur Krawatte!

The suit doesn't go with the tie!

Aki goes with his friend Karl to buy a new tie. When he leaves the department store, he has a new suit and new shoes, only the new tie bothers him; he gives it away and puts on the old one again.

A = Aki; K = Karl; S = Various Sales Assistants; G = Gentleman

A Die Krawatte ist zu lang!	The tie is too long.
K Die Krawatte paßt auch nicht zum Anzug!	And the tie does not go with the suit.
A Ich habe aber nur eine Krawatte!	But I only have one tie.
K Kauf dir doch eine Krawatte im Kaufhaus!	Buy a tie in the department store!
A Im Kaufhaus?	In the department store?
K Ja, da ist alles sehr billig!	Yes, everything is very inexpensive there.

Aki and Karl go into the department store.

A	Schau, die Krawatte hier!	Look, this tie here.
K	Das ist aber keine Krawatte, das ist eine Schleife!	That is not a (normal) tie, that is a bow-tie.
A	Eine Schleife? Ich kaufe diese Schleife!	A bow-tie? I'll buy this bow-tie!

A gentleman wants the same bow-tie as Aki.

S	Nehmen Sie diese und die da!	Take this one and that one there!
G	Ja.	Yes.
S	Und diese auch?	And this one, too?
G	Ja.	Yes.
S	Sie nehmen alle?	You'll take them all?
G	Ja.	Yes.
S	Haben Sie sonst noch einen Wunsch?	Do you want anything else?
G	Eine Schleife!	A bow-tie.
S	(*zu ihrer Kollegin*) Gib mir die Schleife bitte!	(*to her colleague*) Give me the bow-tie please.
S	Die Schleife ist schon verkauft!	This bow-tie is already sold.
A	Ja, die Schleife gehört mir! Sie gefällt mir gut!	Yes, the bow-tie belongs to me. I like it very much.
S	Aber sie paßt nicht zum Anzug!	But it does not go with the suit.
K	Nein, sie paßt leider nicht zum Anzug!	No, unfortunately it does not go with the suit.
A	Aber sie gefällt mir!	But I like it.
S	Sehen Sie: Zu diesem Anzug paßt die Schleife gut!	Look! The bow-tie goes well with this suit.
K	Also komm, jetzt kaufen wir einen Anzug!	All right, come on; now we'll buy a suit.
	Einen Anzug zu dieser Schleife!	A suit to go with this bow-tie.

A	Der Anzug gefällt mir gut!	I like the suit very much.
K	Er ist gut und billig!	It is good and inexpensive.
S	Ja, er ist sehr gut und sehr preiswert.	Yes, it is very good and very inexpensive.
A	Ich möchte ihn probieren!	I would like to try it on.
S	Gerne! Bitte!	Certainly!
K	Schade, der Anzug paßt dir nicht!	Pity! The suit doesn't fit you.
A	Er paßt aber zur Schleife!	But it goes with the bow-tie.
K	Der Anzug ist dir zu groß!	The suit is too big for you.
S	Ja, er ist Ihnen auch zu lang!	Yes, it is too long for you.
K	Und zu weit. Er ist dir auch zu weit!	And too wide. It's too wide for you, too.
S	Größe 44. Sehen Sie: Dieser Anzug ist nicht zu groß und nicht zu weit.	Size 44. Look — this suit is not too big and too wide.

K	Jetzt passen aber die Schuhe nicht mehr zum Anzug!	But now the shoes don't go with the suit.

Aki tries on new shoes.

A	Die Schuhe sind modern; aber sie passen mir nicht!	The shoes are modern; but they don't fit me.
K	Sie sind dir zu groß!	They are too big for you.
A	Ja, sie sind mir zu weit.	Yes, they are too wide for me.
S	Größe 40: Diese Schuhe sind nicht so groß und nicht so weit. Diese Schuhe passen genau!	Size 40. These shoes are not so big and not so wide. These shoes fit exactly.

A	Aber diese Schleife! — Sie stört!	But this bow-tie — it bothers me.

Freed from the unaccustomed bow-tie, he puts his old tie on.

> **Wie sagt man auf deutsch?**
> *How do you say it in German?*

1.

Der Anzug ist **für mich** zu groß.	*The person (**für mich**)*	**für mich**
Der Anzug ist **mir** zu groß.	*may also be dative (**mir**)*	= **mir**
Sie sprechen zu schnell **für mich**.	*in conjunction with **zu** + Adj.*	**zu** ...
Sie sprechen **mir** zu schnell.		(Cf. 5/5)

2.

Herr Müller, ist **Ihnen** die Übung zu schwer?	*Formal*	
Du, Pierre, ist **dir** die Übung zu schwer?	*Familiar*	**dir**
Ja, sie ist **ihm** zu schwer;		
und sie ist auch **mir** zu schwer!		

3.

Der Anzug gefällt **mir** (gut).	Der Anzug paßt **mir** auch gut.	**Dative**
Aber er paßt **dir** nicht.	Gefallen **Ihnen** diese Schuhe?	

passen *and* **gefallen** *require the dative for the person. (Cf. 15/5)*

4.

Die Schleife paßt (gut) zum Anzug.	*If one thing goes with*	
Die Krawatte paßt nicht zum Anzug.	*another:*	**passen zu**

5.
Der Anzug paßt dir nicht.
    Er paßt aber zur Schleife.
Aber die Schleife paßt nicht zum Anzug.
    Nein, sie paßt leider nicht zum Anzug.
Zu diesem Anzug paßt die Schleife gut.
    Jetzt passen aber die Schuhe nicht mehr zum Anzug.

The verb may be preceded by any one part of the sentence **(C)**
(only one!)

Zu diesem Anzug *is one part of the sentence (Prep. + Object).* **(C)**
Similarly: **Die Vorstellung heute abend** *(Subject) (Cf. 9/14)*

Ja, nein, bitte, danke; aber, auch, doch, und *and many similar words do not belong to the part of the sentence and do not count.*

6.
Distinguish between:

Die Schuhe sind (Ihnen) zu groß!	Das ist zu viel!	**zu groß**
Diese Schuhe sind nicht so groß!	Ich möchte nur so viel!	**so groß**
Sie rauchen zu viel! Sie dürfen nicht so viel rauchen!		

Wörter
Vocabulary

der Anzug/Anzüge	suit	passen	to fit, to go with (clothing)
die Größe/n	size		
das Kaufhaus/ Kaufhäuser	department store	probieren	to try on
		anziehen	to put on
die Krawatte/n	tie		
die Schleife/n	bow-tie	billig	inexpensive, cheap
der Schuh/e	shoe	preiswert	good value
der Wunsch/ Wünsche	wish	teuer	expensive, dear
		genau	exact(ly)
		kurz	short
gefallen (ä)	to please, to be to one's liking	lang	long
		modern	modern
verkaufen	to sell	weit	wide
wünschen	to wish	sonst	besides, in other respects

A: Was wünschen Sie (, mein Herr)? — *What do you want (, sir)?*
B: Ich möchte einen Mantel. — *I want (would like) a coat.*
A: Haben Sie sonst noch einen Wunsch? — *Do you want anything besides that?*
B: Nein danke, das ist alles. — *No thank you, that is all.*
A: Wie gefällt Ihnen das? — *How do you like that?*
B: Die Farben gefallen mir nicht. — *I don't like the colours.*

Übungen und Aufgaben
Exercises

A *Complete the sentences.*

1. Ich habe 150 Mark. Dieser Anzug kostet 200 Mark;
   also ist der Anzug — — für — .
2. Die Schuhe haben Nummer 44. Sie aber haben Nummer 42;
   also sind die Schuhe — — für — .
3. Das Zimmer kostet 200 Mark. Aki mietet das Zimmer nicht,
   die Miete ist — — für — .
4. Die Vorstellung hat um 8.00 Uhr begonnen, Suma kommt aber erst um
   8.30 Uhr; sie kommt — — .
5. Tim hat nicht gelernt. Jetzt kann er die Übung nicht machen;
   sie ist — — für — .
6. Herr Ricardo hat sehr viel zu tun. Gestern hat er z. B. 10 Stunden gearbeitet;
   das war — — für — .
7. Von hier zum Olympia-Stadion sind es 5 km. Sie können nicht zu Fuß gehen,
   das ist — — für — !

B *Insert the missing words.*

1. Sie sind schon 2 Monate in München. Wie gefällt — München?
2. Du ißt gern Fisch. Haben — die Forellen geschmeckt?
3. Diesen Anzug möchte ich gern kaufen. Aber er paßt — nicht.
4. Sie haben den Zauberer Moreno oft gesehen, gefällt er — so gut?
5. Die Schuhe sind sehr modern, die möchte ich haben.
   Aber leider passen — — nicht.
6. Sie studieren schon 2 Semester hier. Gefallen — die Vorlesungen?

C passen — zu

0. Die Schuhe passen gut zum Anzug,
1. aber der Anzug — nicht — Krawatte.
2. Ich trinke Bier gern, aber — es — Fisch?
3. Diese Blumen — sehr gut — Ihnen, Fräulein Suma.
4. Deine Freunde — nicht — dir.
5. Das Schwert — nicht schlecht — Pierre.

D *Insert the missing words.*

1. — Schuhe passen Ihnen nicht.
2. Aber — — — Anzug.
3. Ja, — Anzug — aber nicht — Schleife.
4. Die Schleife — nicht zum Anzug.
5. Zu — Anzug — nur eine Krawatte.
6. Aber — Krawatte — die Schuhe nicht.
7. Nein, sie — nicht — Krawatte.
8. Danke nein, ich — keinen Anzug und keine Krawatte.

Darf ich zuschauen?

May I watch?

While sightseeing in Munich, Tim and Pierre separate; Tim goes to see the same sights as Pierre, but in the opposite order. Pierre's group encounters Tim in the art gallery, where he has been arrested as a thief by mistake.

T = *Tim;* P = *Pierre;* G = *Guide;* Pa = *Lady Painter;* To = *Lady Tourist*

Tim and Pierre read the signs on the buses:

T (*liest auf dem 1. Bus*) „Pinakothek, Nymphenburg, Deutsches Museum".	(*reads on the 1st bus*) "Pinakothek, Nymphenburg, Deutsches Museum".
P (*liest auf dem 2. Bus*) „Deutsches Museum, Nymphenburg, Pinakothek". „Man spricht Deutsch!" Ich nehme diesen Bus!	(*reads on 2nd bus*) "Deutsches Museum, Nymphenburg, Pinakothek". "German spoken!" I'll take this bus.
T Warum?	Why?

P	In diesem Bus wird alles auf deutsch erklärt!	In this bus everything is explained in German.
	Ich möchte Deutsch lernen.	I want to learn German.
T	„Man spricht Englisch!"	"English spoken!"
	Ich nehme diesen Bus!	I'll take this bus.
P	Warum?	Why?
T	In diesem Bus wird alles auf englisch erklärt; und ich spreche nicht so gut Deutsch wie du!	In this bus everything is explained in English; and I don't speak such good German as you.

The group with a lady tourist in the Deutsches Museum.

G	Wir gehen jetzt ins Deutsche Museum!	We will now go into the Deutsches Museum.
To	Was sehen wir im Deutschen Museum?	What will we see in the Deutsches Museum?
G	Technik! Technik vom Anfang bis zur Gegenwart!	Technology. Technology from its beginning up to the present day.
P	Ich interessiere mich sehr für Technik!	I am very interested in technology.
To	Was ist das?	What is that?
G	Das ist der erste Dieselmotor!	That is the first Diesel engine.
To	Diesel?	Diesel?
G	Rudolf Diesel! Das ist Rudolf Diesel! Aber diese Erfindungen hier sind nicht nur von Deutschen, sondern von Menschen aus allen Ländern und Kontinenten.	Rudolf Diesel. That is Rudolf Diesel. But these inventions here are not only those of Germans, but of people from all countries and continents.

In the meantime Tim and his group have arrived at the art gallery.

E = *Employee*

T	Darf ich zuschauen?	May I watch?
Pa	Aber bitte! Sind Sie auch Maler?	If you like. Are you a painter, too?
T	Nein, aber ich interessiere mich sehr für Kunst! Besonders für diese!	No, but I am very interested in art. Especially in this sort!
Pa	Für Malerei?	In painting?
T	Für Malerei! Diese Bilder hier sind nicht alle von Deutschen?	In painting! These pictures here are not all by Germans, are they?
Pa	Nein, sie sind auch von Franzosen, Italienern, Spaniern und von Niederländern.	No, they are also by Frenchmen, Italians, Spaniards and Dutchmen.

T Aha, dieses Bild ist von Albrecht Dürer!	Aha, this painting is by Albrecht Dürer.
Die Bilder sind ganz gleich!	The pictures are perfectly alike.
Pa Finden Sie?	Do you think so?
T Dieses Bild ist so schön wie dieses dort!	This picture is as beautiful as that one there.
Pa O nein, das hier ist eine Kopie, das dort ist das Original!	Oh no, this here is a copy, that there is the original.
T Die Kopie ist so schön wie das Original!	The copy is as beautiful as the original.
E Sind Sie fertig mit der Kopie?	Are you finished with the copy?
Pa Ja, ich bin fertig.	Yes, I'm finished.
Können Sie mir das Bild halten?	Can you hold the picture for me?
T Ja gerne!	Yes, gladly.
Pa Bitte warten Sie hier! Ich bin gleich zurück!	Please wait here. I'll be back right away.

Museum officials see Tim with the picture in front of the empty place on the wall.

A = *Museum Attendant;* O = *Official;* D = *Director*

A Bitte, kommen Sie mit!	Please come with me.
T Das ist eine Kopie! Das ist kein Original!	This is a copy. This is not the original.
A Wo ist das Original?	Where is the original?
T Ich weiß nicht; ein Mann hat das Original genommen!	I don't know; a man took the original.
O Können Sie mir das erklären?	Can you explain that to me?
T Das ist eine Kopie!	This is a copy.
O Und warum haben Sie die Kopie?	And why have you got the copy?
D Sind Sie Maler?	Are you a painter?
T Nein, ich interessiere mich für Malerei.	No, I am interested in painting.
O Bitte erklären Sie: Wem gehört das Bild? Wem gehört diese Kopie?	Please explain — To whom does this picture belong? To whom does this copy belong?
T Ich weiß nicht.	I don't know.

The lady painter has returned to the hall and is looking for Tim and her picture. Meanwhile Pierre has arrived with his group.

Pa Wo ist mein Bild?	Where is my picture?
P Bitte?	Pardon?
Pa Wo ist der junge Mann mit meiner Kopie?	Where is the young man with my copy?

P Ich weiß nicht!	I don't know.
Pa Ach, da ist er! Das ist meine Kopie!	Ah, there he is. There is my copy.
G Aber wo ist das Original?	But where is the original?
Wissen Sie das?	Do you know that?
Er sagt, er weiß es nicht.	He says he doesn't know.
T Da! Hier ist das Original!	There! Here's the original.
E Ich habe das Schild repariert!	I have repaired the name plate.
G Warum haben Sie das nicht erklärt?	Why didn't you explain that?
P Warum hast du das nicht erklärt?	Why didn't you explain that?
T Ich spreche nicht so gut Deutsch wie du!	I don't speak such good German as you.
To Ja, ich weiß: Er spricht nicht so gut Deutsch wie sein Freund.	Yes, I know; he doesn't speak such good German as his friend.
Pa Aber er interessiert sich sehr für Malerei!	But he is very interested in painting.
T Dieses Bild ist von Albrecht Dürer.	This picture is by Albrecht Dürer.
P Und wer ist das?	And who is that?
T Das ist Albrecht Dürer selbst!	That is Albrecht Dürer himself.

> ## Wie sagt man auf deutsch?
> *How do you say it in German?*

1.

In diesem Bus **erklärt ein Herr** alles auf deutsch.		**Active**
In diesem Bus **erklärt man** alles auf deutsch.		
In diesem Bus **wird** alles auf deutsch **erklärt**.	(No *subject*)	**Passive**

wird (*Plural:* **werden**) + *participle* = *Passive*

2.

Am Samstag wird nicht gearbeitet.	} (*Present*)	**wird**	
Um 12 Uhr werden die Banken geschlossen.		**werden**	
Von wem wurde der Dieselmotor erfunden?	} (*Preterite*)	**wurde**	
Von wem wurden diese Bilder gemalt?		**wurden**	

3.

Diese Erfindungen sind von Menschen aus allen Ländern
und Kontinenten.
Diese Bilder sind auch von Italienern
und von Spaniern.

All nouns in the dative have the ending **-n** (*or* **-en**).   **Dat. plur.**
The articles and pronouns then also have an **n** *at the end;*   **den** + **-n**
e. g.:

146

Nur im Sommer sind die Blätter auf den Bäumen.
Ich habe einen Brief bekommen, von meinen Eltern.
Wann lebte Mozart? Vor vielen Jahren; vor 200 Jahren.
In den Bahnhöfen liest man hier: „Zu den Zügen."

4.
Können Sie **(mir)** das Bild **halten?** Gerne!   Dat. +
Können Sie **(mir)** das **erklären?** Das kann ich **(Ihnen)** erklären.   erklären
     halten
halten, erklären, schreiben, zeigen *can also be combined*   etc.
with the dative of the person (cf. 12/4; 24/9; 25/1).

5.
Ich spreche nicht so gut Deutsch wie du!
  Er spricht nicht so gut Deutsch wie sein Freund!
   Die Kopie ist so schön   wie das Original.

Comparisons can be made with **so . . . wie.**   so – wie

6.
Ich interessiere **mich** sehr   **für** Technik.   interessieren
Tim interessiert **sich** sehr   **für** Kunst.   sich für
Interessierst **du**   **dich** auch   **für** Musik?   Reflexive
Er interessiert   **sich**   **für** seinen Wagen.   (Cf. 17/3)

7.
Sind Sie fertig mit der Kopie?   fertig
Ich bin fertig   mit meiner Arbeit.   *(Cf. 11/6)*   mit ...
Jetzt sind wir   mit unserer Übung fertig.   (Cf. 20/4)

8.
Von München **bis** Hamburg sind es 800 km. | *(Place)*   von – bis
Von 12.30   **bis** 14.00 geschlossen. | *(Time)*

9.
Von der Universität **bis zum** Bahnhof braucht man 20 Min.   von + Dat.
Ich bin **vom** Wohnheim **bis zur** Universität zu Fuß gegangen.   bis zu +
Was sieht man im Deutschen Museum?   Dat.
Technik! Technik **vom** Anfang **bis zur** Gegenwart!

von – bis zu *before nouns require the dative form.*

10.
Wir gehen jetzt ins Deutsche Museum. | **(Wohin? in** + *Acc.*)   ins (15/7)
Was sehen wir im Deutschen Museum? | **(Wo? in** + *Dat.*)   im (15/6)

147

der Anfang	beginning
das Ende	end
die Erfindung/en	invention
die Gegenwart	present
die Vergangenheit	past
der Kontinent/e	continent
das Land/Länder	country
der Mensch/en	man, mankind
der Motor/en	engine, motor
die Technik	technology
das Bild/er	picture
die Kopie/n	copy
die Kunst/Künste	art
die Malerei	painting
das Museum/ Museen	museum
das Original/e	original
das Schild/er	name plate
das Schloß (Nymphenburg)	castle (Nymphenburg)

die Pinakothek	a Munich art gallery
der Mann/Männer	man
der Deutsche/n	German
der Franzose/n	Frenchman
der Engländer/—	Englishman
der Italiener/—	Italian
der Niederländer/—	Dutchman
der Spanier/—	Spaniard
erklären	to explain
finden	to find
halten (ä)	to hold
werden (i)	to become
mitkommen	to come with
zuschauen	to watch
interessieren, sich	to be interested
englisch	English
gleich	straight away, soon
besonders	especially

Ich bin gleich zurück!	I'll be back straight away.
Können Sie mir die Tasche halten?	Can you hold the bag for me?
Von wem ist diese Kirche erbaut?	By whom was this church built?
Wer hat den Diesel-Motor erfunden?	Who invented the Diesel engine?
Bitte, erklären Sie mir das auf deutsch!	Please explain that to me in German.

A *Form the passive.*

0. Hier spricht man nur Deutsch. Hier wird nur Deutsch gesprochen.
1. Man repariert das Schild an diesem Bild.
   — — — — — — — .
2. Im Goethe-Institut lernt man Deutsch.
   — — — — — .
3. In diesem Bus erklärte man alles auf deutsch.
   — — — — — — — — .
4. Die Banken schließen um 12.30 Uhr.
   — — — — — — — .
5. In Deutschland arbeitete man früher auch am Samstag.
   — — — — — — — — .
6. In dieser Gaststätte ißt man gut.
   — — — — — — .

B *Complete the answers.*

1. Von wem wissen Sie das?
   Von — Leuten auf der Straße.
2. Von wem hast du Post?
   Von meine— Freunde— aus Frankreich.
3. Mit wem hat Suma gestern eine Verabredung gehabt?
   Mit ihre— Freundin.
4. Wo kann ich eine Fahrkarte nach Rothenburg kaufen?
   An alle— Schalter— dort.
5. Wann lebte Ritter Heinrich in seiner Burg?
   Vor 400 Jahre—.
6. Von wem sind die Bilder in der Pinakothek?
   Von Italiener—, Deutsche— und Franzose—.

C *Complete the answers.*

1. Hast du Post von deinem Vater?
   Nein, aber von meine— Freund— aus Frankreich.
2. Sind diese Bilder nur von einem Maler?
   Nein, sie sind von viele— Maler—.
3. Kauft ihr nur in diesem Kaufhaus?
   Nein, wir kaufen in viele— Kaufhäuser—.
4. Waren Sie in Deutschland nur in München?
   Nein, wir waren in viele— Städte—.

5. Machen Sie die Reise nur mit einer Tasche?
   Nein, mit viele— Tasche— und Koffer—.
6. Haben Sie nur an einer Universität studiert?
   Nein, ich habe an zwei Universitäte— studiert.

D *Insert the answers.*

1. Können Sie mir den Maler dieses Bildes sagen?
   Leider — — — — — — — — — .
2. Kannst du mir den Schalter für die Anmeldung zeigen?
   Ja, — — — — — — — — — .
3. Schreibt Tim dir oft?
   Ja, — — — — .
4. Können Sie mir bitte einen Augenblick die Tasche halten?
   Ja gern, ich — — — — — — — .
5. Können Sie mir dieses Wort erklären?
   Ja, ich — — — — — .

E *Insert* so . . . wie *or* nicht so . . . wie

1. Tim spricht — — gut Deutsch — Suma.
2. Die Pinakothek ist — interessant — das Deutsche Museum.
3. Hamburg ist — — schön — Rothenburg.
4. Ich finde die Kopie — — schön — das Original.
5. Aki arbeitet — — schnell — Herr Berger.
6. Die Schleife paßt — — gut zu deinem Anzug — die Krawatte.
7. Hoffentlich kommst du — — spät — gestern.

F mit *or* für

1. Aki ist schon fertig — seinem Zahnrad.
2. Sind Sie schon — dem Essen fertig?
3. Ich interessiere mich nicht — Musik.
4. Das ist sicher interessant — dich.
5. Pierre interessiert sich sehr — Ihren Wagen.
6. Bist du — dem Fotografieren fertig?

Und viel zu essen nicht vergessen!

And don't forget, a lot to eat!

Klaus and Monika, a young married couple, have rented a holiday house on the North Sea coast through a travel agency. Monika has invited Suma to stay with them.

S = *Suma*; M = *Monika*; K = *Klaus*

M Der Schlüssel paßt!	The key fits.
K Unser Haus für 3 Wochen!	Our house for 3 weeks.
S Kein Licht?	No light?
K Wo ist der Schalter?	Where is the switch?
M Ich finde keinen Lichtschalter.	I can't find a switch.
S Da. Ich habe einen Schalter gefunden!	There. I've found a switch.
M Warum machst du kein Licht?	Why don't you put the light on?
K Warum machen Sie kein Licht?	Why don't you put the light on?
S Ich habe eingeschaltet, aber es geht nicht!	I have switched on, but it doesn't work.

Klaus has found a flashlight and they inspect the rooms.

K Die Küche!	The kitchen.
M Schön! Die Küche ist praktisch eingerichtet. Aber leer . . . alles ist leer!	Nice! The kitchen is furnished practically. But empty . . . everything is empty!
Alle Kästen sind leer!	All the drawers are empty.
S Keine Teller, keine Töpfe!	No plates, no pots.
M Kein Geschirr, nichts!	No crockery, nothing.
Aber wir brauchen doch Teller, Töpfe, Tassen!	But we need plates, pots, and cups.
S Ja, eine Menge Sachen!	Yes, a lot of things.
K Wir müssen morgen alles besorgen!	We must get everything tomorrow.
M Ja, wir müssen morgen einkaufen.	Yes, we must go shopping tomorrow.
M Wir schreiben eine Liste.	We'll write a list.

Klaus dictates to the girls what they have to buy.

K So, die Liste ist fertig.	Well, the list is finished.
Und viel zu essen nicht vergessen!	And don't forget, a lot to eat!
S Gute Nacht!	Good night!
M Gute Nacht!	Good night!

K Licht?	Light?
S Ja, ich habe Licht gefunden!	Yes, I have found a light.
K Wo denn?	Where then?
S Hier!	Here!
M Das ist aber kein Schalter, das ist ein Knopf!	But this here isn't a switch, it is a button.
K Natürlich, dieser Knopf ist die Sicherung.	Of course, this button is the fuse.
Das ist doch ganz einfach!	It's perfectly simple.
M So? Und warum hast du den Knopf nicht gefunden?	Is it? And why didn't you find the button?
S Ein Mann muß das wissen!	A man must know such things.
M Hast du das nicht gewußt?	Didn't you know that?

Before going shopping, Suma wants to look in the wall cupboard (Am. closet).

K Warum braucht ihr so lange?	Why do you take so long?
M Wir sind fertig zum Einkaufen.	We're ready to go shopping.
S Was ist in diesem Schrank?	What is in this cupboard (*Am.* closet)?
K Besen!	Brooms!

The girls return from shopping. Klaus has had a bathe.

S Wir haben eine Menge Sachen   We've bought a lot of things.
   eingekauft!
M Teller, Tassen, Töpfe, Besteck.   Plates, cups, pots, cutlery.
   Wir haben dir eine Zeitung und   We've brought you a newspaper and
   Zigaretten mitgebracht.   cigarettes.
K Schön. Wo ist der Büchsenöffner?   Fine! Where is the tin opener
    (*Am.* can opener)?

S Büchsenöffner? Das Wort steht   Tin opener (*Am.* can opener)?
   nicht auf der Liste.   That word is not on the list.
K Ihr habt es nicht aufgeschrieben.   You didn't write it down.

S Vielleicht in dem Schrank?   In the cupboard (*Am.* closet) perhaps?
K Im Besenschrank sind Besen und   In the broom cupboard (*Am.* closet)
   keine Büchsenöffner.   there are brooms and no tin openers
    (*Am.* can openers).
S Teller, Tassen, Töpfe, alles ist da!   Plates, cups, pots, everything is here.
K Das macht nichts, wir nehmen   That doesn't matter, we'll take these
   diese Sachen mit nach Hause!   things home with us.

And now Klaus also finds a tin opener (Am. can opener) on the tin (Am. can).

K Ein Büchsenöffner!   A tin opener (*Am.* can opener)!
   Bitte meine Damen, zu Tisch!   Please come to lunch, ladies!

Wie sagt man auf deutsch?
How do you say it in German?

1.
Suma **schreibt** eine Liste.   (*Simple verb*)   **Compound**
Suma hat   eine Liste   geschrieben.   **verb**
Suma **schreibt** die Wörter **auf**.   (*Compound verb*)
Suma hat ein Wort nicht   aufgeschrieben.

aufgeschrieben: *Preposition and participle are written together.*

2.
Suma schaltet das Licht ein: „Darf ich es ein--schalten?"
„Bitte, schalten Sie es ein!"   „Ich habe es eingeschaltet!"
Suma schreibt das Wort auf.   „Muß ich es auf--schreiben?"
„Ja, schreiben Sie es auf!"   „Ich habe es aufgeschrieben."

Verbs of which the participle is written as one word are also   **(Cf. 11/2)**
written in the compound form in the infinitive.

3.

Ich habe **ein**geschaltet, aber es geht nicht!	einschalten
Wir haben dir eine Zeitung **mit**gebracht.	mitbringen
Ihr habt das Wort nicht **auf**geschrieben.	aufschreiben
But: Ich habe schon unterschrieben!	unterschreiben

Only if the verb prefix (e. g. preposition) is stressed is the first syllable **ge-** *retained in the participle! Compound verbs mostly take on a new, specific meaning.* **(Cf. 11/2)**

4.

Wir sind fertig **zum** Einkaufen.	(Wir gehen jetzt einkaufen.)	**fertig**
Sind Sie fertig **zum** Arbeiten?	(Die Arbeit beginnt jetzt.)	**zum . . .**
Sind Sie fertig **mit** der Arbeit?	(Ihre Arbeit ist zu Ende.)	**mit (Dat.)**

5.

Das Wort steht nicht auf der Liste!	**steht**
In der Zeitung steht: „Zimmer zu vermieten."	**(auf . . .)**
Dort steht: „Autos zu verkaufen."	
Das steht alles auf Seite 88.	

6.

Wir haben **dir** eine Zeitung und Zigaretten mitgebracht.	**(Cf. 12/4, 19/4)**

mitbringen *takes the dative of the person like* **geben, sagen,** *etc.*

Wörter
Vocabulary

das Haus/Häuser	*house*	der Kasten/Kästen	*drawer*
der Knopf/Knöpfe	*button*	die Konserve/n	*tin (Am. can) of*
die Lampe/n	*lamp, flashlight*		*preserved food*
die Nacht/Nächte	*night*	die Küche/n	*kitchen*
der Schalter/—	*switch*	die Tasse/n	*cup*
der Schlüssel/—	*key*	der Teller/—	*plate*
die Sicherung/en	*fuse*	der Topf/Töpfe	*pot*
der Besen/—	*broom*	die Liste/n	*list*
der Besenschrank	*broom cupboard*	die Menge/n	*lot, quantity*
	(Am. closet)	die Sache/n	*thing*
die Büchse/n	*tin (Am. can)*	die Stadt/Städte	*town, city*
der Büchsen-	*tin (Am. can)*	die Zeitung/en	*newspaper*
öffner/—	*opener*		
das Besteck	*cutlery*	besorgen	*to get, procure*
das Geschirr	*crockery*	aufschreiben	*to write down*

einkaufen	to buy, to go shopping	leer	empty
		nichts	nothing
einrichten	to furnish	praktisch	practical(ly)
einschalten	to switch on	morgen	tomorrow
mitbringen	to bring with	nach Hause	home (literally: to home)
gemütlich	comfortable		

Wendungen
Phrases

Das macht nichts!	That doesn't matter!
Zu Tisch!	To the table (i.e. to lunch, supper, etc.)!
Gute Nacht!	Good night.
Haben Sie das aufgeschrieben?	Have you written that down?
Haben Sie einen Büchsenöffner?	Have you a tin opener (Am. can opener)?
Das ist mir gleich.	It is all the same to me.
Mach Licht!	Put the light on!
Guten Morgen!	Good morning.

Übungen und Aufgaben
Exercises

A *Form the perfect.*

1. Bitte, machen Sie das Fenster auf!
   Ich habe es schon — .
2. Bitte, bring mir eine Zeitung mit!
   Ich habe dir die Zeitung schon — .
3. Kaufe auch viel zu essen ein!
   Ich habe schon viel zu essen — .
4. Möchten Sie die Telefonnummer aufschreiben?
   Danke, ich habe sie schon — .
5. Schnell, der Zug fährt ab!
   Halt, der Zug ist schon — .
6. Warum steigen Sie wieder aus?
   Ich bin in den Bus Nr. 23 — , ich muß aber in den Bus Nr. 32 — .
7. Möchten Sie einen Fahrschein?
   Ich war im Bus Nr. 23, jetzt bin ich — .
8. Findet die Vorlesung heute nicht statt?
   Nein, sie hat gestern auch nicht — .

9. Möchten Sie in diesem Winter Schi fahren?
   Ja, aber ich kann es nicht. Ich bin noch nicht — — .
10. Jetzt können Sie den Winter in Deutschland kennenlernen.
   Oh, ich habe den Winter — einmal — .

B *Complete the answers.*

0. Um wieviel Uhr beginnt die Vorlesung? *Or:*
   Wann   beginnt die Vorlesung? (1)
   Um 1 Uhr beginnt die Vorlesung.
1. Um wieviel Uhr gehen Sie zum Essen? ($^1/_2$2)
   — — — — — zum Essen.
2. Wann haben Sie eine Verabredung? (5.15)
   — — — — — — meine Verabredung.
3. Um wieviel Uhr kommt Ihr Freund? (6)
   — — — — mein Freund.
4. Wann liest Professor Müller? ($^1/_2$9)
   — — — — Professor Müller.
5. Wann machen Sie eine Reise nach Deutschland? (in 2 Wochen)
   — — — — — eine Reise nach Deutschland.
6. Um wieviel Uhr gehen wir zum Essen? (1.30)
   — — — — — zum Essen.

C *Complete the answers.*

0. Wie lange lernen Sie schon Deutsch?
   Ich lerne schon 5 Wochen Deutsch.
1. Wie lange dauert die Reise nach Deutschland? (2)
   Die Reise nach Deutschland — — Monate.
2. Wie lange studieren Sie schon? (3$^1/_2$)
   — — — — — Jahre.
3. Wie lange warten Sie schon hier? (5)
   — — hier schon — Minuten.
4. Wie lange sind Sie schon in Deutschland? (8)
   — — — — Tage — — .
5. Wie lange suchen Sie schon? ($^1/_2$)
   — — — — — Stunde.
6. Wie lange dauert Ihr Praktikum? (6)
   — — — — Monate.

D von . . . bis *or* von der . . . bis zur

1. Er hat — Montag — Samstag ein Zimmer gesucht.
2. — 5 Uhr — 8 Uhr war Suma bei ihrer Freundin.
3. — — Universität — — Bibliothek ist es nicht weit.
4. Wir gehen — — Klinik — — Mensa zusammen.
5. — — Bank — — Gaststätte brauchen Sie nur 10 Minuten.
6. Die Freundinnen haben 4 Stunden, — 8 — 12 Uhr, eingekauft.

Vorsicht, bremsen!

Careful, brake!

Aki and his friend Hans are attending a driving school. Aki finds the rules of the road very difficult. Hans cannot find the brake; something is bound to happen. Eventually Aki gets his driver's licence after all.

A = *Aki*; H = *Hans*; I = *Driving Instructor*; E = *Examiner*

A Ich finde die Verkehrsregeln sehr schwer.	I find the rules of the road very difficult.
H Paß auf: Wie heißt das?	Look out: What does that mean?
A Einbahnstraße.	One-way street.
H Ja, und was bedeutet das?	Yes, and what does that mean?
A Ich darf nur in einer Richtung fahren.	I'm only allowed to drive in one direction.
H Na also, du kannst ja alles für die Prüfung!	Well, there you are; you know everything for the examination.
A Aber das: Was bedeutet das Schild da?	But that — what does that sign mean there?
H Dieses Verkehrszeichen bedeutet: „Vorfahrt beachten!"	That traffic sign means: "Major road ahead."
A Moment: Das Auto hat Vorfahrt?	Just a moment: Has the car right of way?

H	Nein, es muß warten.	No, it must wait.
	Der Roller hat Vorfahrt.	The scooter has right of way.
A	Ich bestehe die Fahrprüfung nicht.	I won't pass the test.

Now comes the driving lesson.

I	Guten Tag!	Good day!
	Sie fahren mit dem Roller!	You drive the scooter.
	Und Sie kommen mit in den Wagen!	And you come in the car with me.
A	Du kannst doch fahren!	You can drive, can't you?
H	Ja, ich kann fahren, aber bremsen!	Yes, I can drive, but braking . . .
	Das Bremsen finde ich sehr schwer!	I find it very hard to brake.
I	Passen Sie auf:	Look here:
	Das ist die Bremse!	This is the brake.
	Und was ist das?	And what is that?
H	Das ist die Kupplung!	That is the clutch.
I	Also gut, fahren wir jetzt!	All right, let's drive off now.

Before the test, Aki and Hans even startle the pedestrians with their manoeuvres.

A	Der Wagen hat Vorfahrt!	The car has right of way.
	Der Roller muß warten.	The scooter must wait.
	Ich habe Vorfahrt.	I have right of way.
	Sie müssen warten!	You must wait.
H	Was wollen Sie denn?	What du you want?
	Er hat es doch ganz richtig gemacht!	He did it perfectly properly.

The test on the rules of the road is over, now comes the practical part in which Aki is the better of the two.

E	Links abbiegen!	Turn left.
I	Links abbiegen!	Turn left.
A	Links abbiegen:	Turn left.
	Umschauen, Handzeichen, Einordnen.	Look round, hand signal, move into the right lane.
E	Gut, das genügt. Bitte halten Sie!	Good, that's enough. Please stop.
	Hier ist Ihr Führerschein.	Here is your driver's licence.
	Sie haben die Prüfung bestanden.	You have passed the test.
	(*Zu Hans*) Und jetzt fahren Sie mit dem Roller.	(*To Hans*) And now you drive the scooter.
	Langsam, langsam!	Slowly, slowly!
	Bremsen! Bremsen Sie!!!	Brake! Brake!

But Hans can't find the brake.

1.

Ich finde die Verkehrsregeln sehr schwer.
= Für mich sind die Verkehrsregeln sehr schwer.
e. g.: Das Bremsen finde ich sehr schwer.
Wie finden Sie mein Zimmer? Ich finde es sehr schön!
Man kann hier ein Auto mieten. Das finde ich praktisch.
Ich habe meine Fahrprüfung bestanden. Wie finden Sie das?
Das finde ich wunderbar!

schwer
finden

2.

Sie fahren mit dem Roller.	Fahren Sie mit dem Bus?
Wir fahren mit dem Wagen.	Ich fahre mit der Tram.

fahren mit

3.

Ich darf nur in einer Richtung fahren.
Gehen Sie immer in dieser Richtung weiter!

fahren in
+ Dative

4.

Du kannst ja alles für die Prüfung!
Kannst du das? Ich kann es noch nicht.
Willst du jetzt nach Hause? | Wollen Sie schon nach Hause?

können

wollen

Modal verbs are also used without the infinitive.

5.

What do these signs mean?

159

6.
How do you say it in German?

7.
What is this?

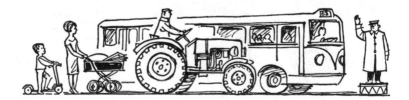

Wörter
Vocabulary

das Auto/s	car	abbiegen	to turn off (e. g. to left)
die Bremse/n	brake		
der Gang/Gänge	gear	anlassen	to start (an engine)
das Gas	accelerator, gas	aufpassen	to be careful, look out
die Kupplung	clutch		
die Einbahnstra-ße/n	one-way street	einordnen, sich	to move (weave) into a traffic lane
die Fahrprüfung	driving test	beachten	to observe (rules)
der Führerschein	driver's licence	bedeuten	to mean
die Hand/Hände	hand	bestehen (Prüfung)	to pass (e.g. a test)
das Handzeichen	hand signal	bremsen	to brake
der Verkehr	traffic	Gas geben	to accelerate, step on the gas
das Verkehrs-zeichen/—	traffic sign		
		hupen	to hoot, sound (Am. honk) the horn
der Lastwagen/—	lorry (Am. truck)		
die Regel/n	rule		
die Verkehrsre-gel/n	rules of the road	kuppeln	to depress the clutch
		schalten	to change gears
die Richtung/en	direction	es genügt	it (that) is enough
der Roller/—	scooter		
die Vorfahrt	right of way		

Was ist das?	*What is that?*
Was heißt das?	*What does that say?*
Was bedeutet das?	*What does that mean?*
Immer in dieser Richtung!	*Keep on in this direction!*
Also gut!	*All right!*
Na also!	*Well, there you are!*

Übungen und Aufgaben
Exercises

A mit

1. Sie können — — Bus zum Olympia-Stadion fahren.
2. Durch die Stadt fährt man — — Wagen nicht so schnell wie — — Straßenbahn.
3. Sind Sie — — Auto gekommen oder — — Zug?
4. Suma geht — — Freundin zum Baden.
5. Bitte, bringe mir doch ein Buch aus der Bibliothek — .
6. Kommst du — Aki zum Tee?

B *Form polite questions.*

0. Sie möchten noch ein Stück Brot nehmen —
   Darf ich noch ein Stück Brot nehmen?
1. Sie wollen einmal den Roller von Hans haben —
   Hans, — — — — — — ?
2. Suma möchte nach Hause gehen, sie fragt den Professor:
   Herr Professor, — — — — — ?
3. Sie wollen Fräulein Suma begleiten —
   Fräulein Suma, — — — — ?
4. Wir möchten den Zauberer Moreno etwas fragen —
   Herr Moreno, — — — — — ?
5. Sie wollen im Wagen Ihres Freundes ein Stück mitfahren —
   Hans, — — — — (— — —) — ?

C finden

1. Aki und Hans wollen die Fahrprüfung machen. Sie — sie sehr schwer.
2. Bleiben wir hier. Ich — es hier sehr schön.
3. Sumas Freundin — ihren Geldbeutel nicht.
4. Deutsch — wir nicht so schwer.
5. Pierre will seinen Roller selbst reparieren. Wie — Sie das?
6. Hilf mir bitte meinen Paß suchen. Du — doch immer alles.

Gesundheit, Herr Doktor!

Bless you, doctor!

Just as the wedding procession starts moving towards the church, the farm-hand reports that the cows are ill; they are sneezing, and the farmer calls the veterinary surgeon, who then arrives with Suma:

S = Suma; V = Veterinary Surgeon; F = Farmer; G = Bridegroom; B = Bride; Fh = Farmhand; N = a Woman Neighbour; R = the Young Rascal

Fh	Das Vieh ist krank!	The cattle are ill.
F	Was sagst du? Das Vieh ist krank?	What did you say? The cattle are ill?
Fh	Ja, die Kühe und die Ochsen. Sie niesen alle.	Yes, the cows and the oxen. They are all sneezing.
F	Ich muß in den Stall! Geht in die Kirche, es ist höchste Zeit!	I must go to the byre. Go to the church, it's high time.
B	Und du? Kommst du nicht mit in die Kirche?	And you? Aren't you coming to the church with us?
F	Nein, ich muß den Tierarzt rufen. Ich komme später!	No, I must phone the veterinary surgeon. I'll come later.

The Veterinary Surgeon and his assistant are on their way.

S Wo gehen diese Leute hin?	Where are those people going?
V Sie gehen in die Kirche.	They are going to church.
Sie feiern eine Hochzeit.	They are celebrating a wedding.
Sehen Sie: Dort ist die Braut, und da ist der Bräutigam.	Look — there is the bride, and there is the bridegroom.
S Schön ist das. Ich sehe zum ersten Mal eine Hochzeit in Deutschland.	That is lovely. I am seeing a wedding in Germany for the first time.
T Eine Hochzeit auf dem Lande; in einem Dorf.	A wedding in the country; in a village.
S Wo ist der Bauernhof?	Where is the farm?

At the farm Suma has to show what she has learnt.

F Guten Tag, Herr Doktor!	Good day, Doctor.
V Guten Tag, Herr Huber!	Good day, Mr. Huber.
Das ist meine Assistentin, Fräulein Suma!	This is my assistant, Miss Suma!
F Guten Tag, Frl. Suma!	Good day, Miss Suma.
V Ihre Tochter hat heute Hochzeit!	It is your daughter's wedding today.

F Aber die Tiere sind krank!	But the cattle are ill.
V Nun, Frl. Suma, was machen Sie zuerst?	Well, Miss Suma, what do you do first?
S Ich untersuche den Hals.	I examine the neck.
V Nein, zuerst . . .	No, first . . .
S Zuerst frage ich nach der Krankheitsgeschichte.	First I ask about the history of the disease.
V Bitte, fragen Sie!	All right, ask!
S Seit wann sind die Tiere krank?	Since when have the animals been ill?
F Seit heute morgen.	Since this morning.

S Ich finde nichts.	I can't find anything.
V Ich auch nicht.	Nor can I.
F Jetzt niesen sie nicht mehr.	Now they are not sneezing any more.
V Ich verstehe das nicht: Gestern abend waren sie noch gesund?	I don't understand it — yesterday evening they were healthy, weren't they?
F Heute früh waren sie krank.	This morning they were ill.
S Und jetzt sind sie wieder gesund!	And now they are healthy again.

Suddenly the farmer's little son makes a movement in his hiding place.

F	Was ist das?	What's that?
V	Was war das?	What was that?
F	Was machst du denn hier?	What are you doing here?
	Was hast du da?	What have you got there?
V	Was hat er da?	What has he got there?

They take the packet away from the little rascal and then they all sneeze in turn.

S	Gesundheit!	Gesundheit!
F	Danke!	Thank you!
V	Ah, ich verstehe!	Ah, I understand.
F	Gesundheit, Herr Doktor!	Gesundheit, Doctor!
S	Was ist das?	What is that?
	Ah, jetzt verstehe ich auch!	Ah, now I understand, too.
V	Gesundheit!	Gesundheit!
S	Das ist . . . Wie sagt man auf deutsch?	That is . . . How do you say it in German?
R	Pfeffer!	Pepper!
S	Pfeffer, das war die Krankheit!	Pepper, that was the illness.
F	Warte, du Lausbub!	Just wait, you rascal.
V	Alles Gute zur Hochzeit!	All the best for the wedding.

N	Herr Doktor, mein Pferd ist krank.	Doctor, my horse is ill.
	Können Sie kommen?	Can you come?

Finally, Suma and the doctor are invited to the wedding banquet.

F	Zum Wohl!	Your health!
V	Zum Wohl!	Your health!
S	Braut und Bräutigam.	Bride and bridegroom.
V	Nein, jetzt nicht mehr!	No, not any more.
	Mann und Frau!	Husband and wife.
S	Ah, sie sind jetzt . . . Wie sagt man auf deutsch?	Ah, now they are . . . How do you say it in German?
V	Verheiratet!	Married!

1.

Geh in die Schule, Tim!	Komm! *(Singular)*	**geh!**
Geht in die Schule, Kinder!	Kommt! *(Plural)*	**geht!**

The imperative of the familiar form of address has no pronoun. **Imp.**

2.

Gestern waren sie noch Braut und Bräutigam;	*(Preterite)*	**waren**
heute sind sie schon Mann und Frau.	*(Cf. 16/1)*	**sie . . .**
Heute früh waren die Tiere krank;	*(Preterite)*	**waren**
aber jetzt sind sie wieder gesund.		**sie . . .**

3.

Ich frage nach der Krankheitsgeschichte.   **fragen**
Wir fragen nach dem Bahnhof: „Wo ist der Bahnhof?"   **nach . . .**
Er fragte mich nach der Uhrzeit: „Wieviel Uhr ist es?"   **+ Dat.**
Wir fragten ihn nach der Universität: „Wo ist die Uni?"
Ich frage Sie nach Ihrer Gesundheit: „Wie geht es Ihnen?"

The person in the accusative. For the thing we use **nach** + *dative.*

4.

Seit wann sind die Tiere krank?	Seit heute morgen.	**seit**
Seit wann sind Sie verheiratet?	Seit einem Jahr.	**+ Dat.**
Seit wann lernen Sie Deutsch?	Seit fünf Monaten.	

Before nouns **seit** *requires the dative. (Cf. 15/5)*

5.

Braut und Bräutigam;		*But:* Mann und Frau.
Damen und Herren;	Meine Damen und Herren!	*But:* Männer und Frauen.

6.

1. Herr Müller!	Danke, Frau Müller!	Bitte, Fräulein Müller!
2. Herr Professor!	Danke, Frau Doktor!	Bitte, Frl. Dr. Müller!

The form of address:
1. **Herr / Frau / Fräulein** *always with surnames!*
2. Titles **(Dr., Prof.)** *always with* **Herr / Frau / Fräulein!**

7.

Sehr geehrter Herr (Professor) Müller!		Written form of
Sehr geehrte Frau (Doktor)	Berger!	address in letters.
Sehr geehrtes Fräulein	Schulz!	(Formal)
Lieber Karl!	Liebe Monika!	(Familiar)

8.

Herr Müller: „Das ist **meine Frau!**" | Mr. and Mrs. Müller
Frau Müller: „Das ist **mein Mann!**" | introduce each other.

Wörter
Vocabulary

der Assistent/en	assistant		die Braut/Bräute	bride
die Gesundheit	health;		der Bräutigam/e	bridegroom
	(after sneeze:		die Tochter/	daughter
	Bless you!)		Töchter	
die Krankheits-	history of disease		der Sohn/Söhne	son
geschichte/n			die Frau/en	woman, wife, Mrs.
die Geschichte/n	history		der Mann/Männer	man, husband, Mr.
die Krankheit/en	illness, disease		das Mädchen/—	girl
der Pfeffer	pepper		der Bub/en	boy
der Bauernhof/	farm		der Lausbub/en	rascal (of children)
Bauernhöfe			das Hochzeitsessen	wedding banquet
der Hof/Höfe	(farm)yard		das Essen/—	meal, banquet
der Bauer/n	farmer		die Hochzeit/en	wedding
das Dorf/Dörfer	village			
das Land	country(side)		feiern	to celebrate
die Kuh/Kühe	cow		heiraten	to marry
der Ochse/n	ox		niesen	to sneeze
das Pferd/e	horse		(an)rufen	to call, to phone
der Stall/Ställe	byre, stable		untersuchen	to examine
der Tierarzt/	veterinary		verstehen	to understand
Tierärzte	surgeon			
das Tier/e	animal		ledig	single
das Vieh	cattle		verheiratet	married

Wendungen
Phrases

Es ist Zeit. | It is time,
Alles Gute! | All the best!

auf dem Lande	in the country
Wie sagt man auf deutsch?	How do you say (it) in German?
Ich komme später.	I'll come later.
Es ist höchste Zeit!	It is high time.
Guten Abend!	Good evening!
in der Stadt	in the town (city)
Zum Wohl!	Your health! Cheers!

Übungen und Aufgaben
Exercises

A gehen *or* kommen?

1. Herr Doktor, meine Kuh ist krank. Bitte — Sie!
2. Suma sagt zu ihren Freundinnen: — — heute nachmittag zum Tee?
3. Hans, — schnell zum Tierarzt und hol ihn!
4. Um 12 Uhr sagt Tim zu Aki und Pierre: — jetzt nach Hause, es ist schon spät.
5. — Sie immer in dieser Richtung und dann links!
6. Wir müssen zurück zum Bahnsteig 12, — Pierre!

B *Insert the missing words.*

1. In München müssen Sie dann nach — Universität fragen.
2. Suma hat in der Bibliothek — Assistentin nach — Buch gefragt.
3. Ich habe Pierre nach — Uhrzeit gefragt.
4. Man hat — Kaufmann zweimal nach — Paß gefragt.
5. Der Professor fragt oft — Studenten nach — Krankheitsgeschichten.
6. Waren Sie krank? Meine Eltern haben schon nach — gefragt.

C *Insert the answers.*

1. Seit wann haben Sie nichts mehr gegessen? (gestern)
   — — .

2. Seit wann ist dein Freund krank? (2 Tage)
   — — — .

3. Seit wann studieren Sie hier? (6 Monate)
   — — — .

4. Seit wann kennen Sie sich? (die Reise nach Rothenburg)
   — — — — — .

5. Seit wann waren wir nicht mehr zusammen? (der Sommer)
   — — — .

6. Seit wann haben Sie nicht geraucht? (1 Jahr)
   — — — .

Was tut man in dem Fall?

What's to be done in such a case?

Aki and his friends give their foreman an expander for his birthday, because he is fond of sports. While trying it out he hurts himself, and the trainees have an opportunity to use their knowledge of first aid.

A = *Aki;* T = *Various Trainees;* F = *Foreman;* C = *Various Colleagues;* W = *Foreman's Wife;* Fl = *Flower Seller*

The foreman gives some first aid instruction.

F Was ist das?	What is that?
T Das ist ein Verband.	That is a bandage.
F Gut. Also noch einmal:	Good. All right, once more —
Ich habe mich zum Beispiel am Finger verletzt.	Assume I have injured my finger.
Was tut man in dem Fall?	What's to be done in such a case?
T Man muß den Finger verbinden.	The finger must be bandaged.

169

The foreman's colleagues now congratulate him on his birthday.

C Sie haben ja heute Geburtstag!   It's your birthday today.
C Herzlichen Glückwunsch!   Sincere congratulations.
C Alles Gute!   All the best.
C Etwas für Sie und Ihre Frau!   Something for you and your wife.
F Ein Geschenk?   A present?
C Ein Geburtstagsgeschenk!   A birthday present.
C Eine Zigarre?   A cigar?
F Danke, ich rauche nicht,   No thanks, I don't smoke,
   ich treibe Sport!   I am a sporting man.

At the market the trainees buy flowers for the foreman's wife.

Fl Sind die Blumen für einen Besuch?   Are the flowers for a visit?
T   Ja, für einen Besuch.   Yes, for a visit.
Fl Dann nehmen Sie Wicken oder   Then take sweetpeas or gladiolas
    Gladiolen oder Rosen oder Nelken.   or roses or carnations.
T   Was kosten diese Blumen?   How much are these flowers?
Fl Eine Mark das Stück!   One mark each.

Except for Aki, the trainees are standing in front of the foreman's house.

T Aki ist nicht da!   Aki isn't here.
T Er hat ein Geschenk für den Meister!   He has a present for the foreman.
T Was sagt man jetzt?   What does one say now?
T Wir gratulieren.   We congratulate you.
T Nein, wir gratulieren zum Geburts-   No, we congratulate you on your
   tag!   birthday.
T Ja, aber wem?   Yes, but to whom?
T Dem Meister natürlich.   The foreman, of course.
   Wir gratulieren ihm!   We congratulate him.
T Also: Ich bin der Meister.   All right — I am the foreman.
   Dann mußt du sagen: Then you must say:
T Wir gratulieren Ihnen zum   We congratulate you on your
   Geburtstag.   birthday.

They ring and the foreman's wife appears.

T Bitte, ein paar Blumen für Sie!   Here are a few flowers for you.
W Das ist aber nett. Bitte, kommen Sie   Why that is nice. Please come in.
   doch herein!
T Was sagt man jetzt?   What does one say now?
T Herzlichen Glückwunsch!   Sincere good wishes.
T Zum Geburtstag!   For your birthday.

W Ich habe gerade Kuchen gebacken und Kaffee gekocht.	I have just baked a cake and made coffee.
Darf ich Sie zum Kaffee einladen?	May I invite you to coffee?
T Danke! Danke! Danke!	Thank you. Thank you. Thank you.
Das ist sehr freundlich!	That is very kind.
W Bitte nehmen Sie Platz!	Please take a seat.
(Zum Meister) Stell doch bitte Teller und Tassen auf den Tisch!	(To the foreman) Put plates and cups on the table, please.
Nehmen Sie Milch zum Kaffee?	Do you take milk in your coffee?
T Danke nein, keine Milch.	No thank you, no milk.
W Nehmen Sie Zucker?	Do you take sugar?
T Danke ja.	Thank you, yes.
W Mein Mann trinkt den Kaffee immer mit Zucker und Milch.	My husband always drinks coffee with sugar and milk.
T Er treibt Sport!	He engages in sport.

The bell rings; Aki enters with the present.

F Laß nur, ich mache auf!	Leave it, I'll open the door.
Aki ist da!	Aki is here.
Er hat mir etwas mitgebracht.	He has brought me something.
W Bitte, nehmen Sie Platz!	Please sit down.
Sie trinken doch sicher eine Tasse Kaffee mit uns.	Of course you'll drink a cup of coffee with us.
A Ja, bitte.	Yes, please.
W Ein Stück Kuchen?	A piece of cake?
A Ja, gerne.	Yes, please.
F Ein Expander! — — Au!!	An expander! — — Ow!
W Hast du dich verletzt?	Have you hurt yourself?
F Ich habe mich am Finger verletzt.	I've hurt my finger.
T Er hat sich zum Beispiel am Finger verletzt.	Assume he has injured his finger.
T Was tut man in dem Fall?	What's to be done in such a case?
A Man muß den Finger verbinden!	The finger must be bandaged.
F Ja, danke, „Erste Hilfe"!	Yes, thank you, "First Aid."
T Das haben wir bei unserem Meister gelernt. Heute!	We learnt that from our foreman. Today.
W Bravo, meine Herren!	Bravo, gentlemen.
Aber jetzt bitte: Guten Appetit!	But now please, I wish you a good appetite.

1.
Etwas für Sie und Ihre Frau! Ein Geschenk? | **etwas für**
Etwas für einen Besuch? Nehmen Sie Blumen für einen Besuch! |

2.
Wir gratulieren Ihnen zum Geburtstag!   (zu Ihrem Geburtstag) | **gratu-**
Ich gratuliere Ihnen zur Hochzeit!   (zu Ihrer Hochzeit) | **lieren zu ...**

3.
Darf ich Sie zum Kaffee einladen? | **einladen**
Ich lade dich morgen zum Essen ein. | **zu ...**
Ich möchte Sie gern zu einem Tee einladen.

4.
Nehmen Sie Zucker zum Tee? | Essen Sie Brot zur Suppe? | **zu ...**
Nehmen Sie Milch zum Kaffee? | Trinken Sie Wasser zum Essen? |

5.
Er trinkt den Kaffee immer mit Zucker = | **mit ...**
Er nimmt immer Zucker zum Kaffee.

6.
Ich habe mich am Finger verletzt. | (Wo? an + *dat.*) | **an ...**
Wo haben Sie sich verletzt? Am Fuß; an der Hand.

7.
Das haben wir heute gelernt,   bei unserem Meister. | **bei wem?**
Bei wem lernen Sie Deutsch?   **Bei meinem** Lehrer.
Bei wem haben Sie Unterricht?   Bei meiner Lehrerin.

8.
Von wem haben Sie so gut Deutsch gelernt? | **von wem?**
Von meiner Mutter; sie war lange in Deutschland.

9.
Wo haben Sie Deutsch-Unterricht? **In der Schule.** | **wo?**

10.
Von **wem** weißt du das? Von meinem **Lehrer.** | **von wem?**
Von **wem** haben Sie den Expander? Von meinem **Freund.** | **(Person)**

172

11.
Woher weißt du das? Das steht in der **Zeitung.**
Woher haben Sie die Blumen? Aus dem **Kaufhaus!**

woher?
(Place)

12.
Ich habe gerade Kaffee gekocht.
Wo ist Aki? Er ist gerade ins Kaufhaus gegangen.
Kommen Sie herein! Wir feiern gerade Geburtstag!
Schade! Sie kommen zu spät! Das Spiel ist gerade aus!
Wo ist mein Freund? Dort ist er. Er telefoniert gerade!

gerade

gerade *together with the verb: Something is happening
(or has just happened) while one is speaking.*

Wörter
Vocabulary

der Besuch/e	*visit*	backen	*to bake*
das Geburtstags- geschenk/e	*birthday present*	gratulieren	*to congratulate*
		hereinkommen	*to come in*
das Geschenk/e	*present*	schenken	*to present, give*
der Geburtstag/e	·*birthday*	Sport treiben	*to engage in sport*
die Milch	*milk*	tun	*to do*
die Zigarre/n	*cigar*	verbinden	*to bandage*
der Zucker	*sugar*	verletzen, sich	*to hurt (injure)*
der Expander/—	*expander*		*oneself*
der Fall/Fälle	*case*		
der Finger/—	*finger*	etwas	*some, a little,*
die Hilfe	*aid, help*		*something*
der Kollege/n	*colleague*	ein paar	*a few*
der Sport	*sport*	gerade	*just*
der Verband/ Verbände	*bandage*	sicher	*sure(ly), of course*
die Gladiole/n	*gladiola*		
die Nelke/n	*carnation*		
die Rose/n	*rose*		

in dem (= diesem) Fall	*in that (this, such a) case*
Bravo!	*Bravo!*
Laß nur!	*Leave it!*
Erste Hilfe	*First aid*
mein Mann	*my husband*
meine Eltern	*my parents*
Welcher Fall ist das?	*What case is that?*
Guten Appetit!	*(I wish you a) Good appetite!*
Herzlichen Glückwunsch!	*Sincere good wishes!*
Hilfe! Hilfe!	*Help! Help!*
meine Frau	*my wife*
meine Geschwister	*my brothers and sisters*

Übungen und Aufgaben
Exercises

A *Insert the missing words.*

1. Darf ich Sie — Essen einladen?
2. Wir laden dich herzlich — Hochzeit ein.
3. Trinken Sie Wasser oder Wein — Essen?
4. Danke, ich nehme keine Milch — Tee.
5. Wir gratulieren Ihnen — Geburtstag.
6. Sie sind doch auch bei Frau Müller — Geburtstag eingeladen.
7. — Suppe essen wir immer etwas Brot.

B etwas *or* etwas für?

1. Herr Berger sagt zu seiner Frau: Ich habe — — — gekauft.
2. Nimmst du — Milch in den Tee?
3. Gib mir bitte — Brot.
4. Suma gibt dem Professor ein Paket und sagt: In diesem Paket
   ist — — — und — Frau!
5. Ich nehme — Wasser zum Wein.
6. Der Meister hat Geburtstag. Aki hat — — — — gekauft.
7. Tim sagt zu Pierre: Das Schnitzel ist sehr gut mit — Pfeffer!

C *Form questions:* von wem *or* woher?

1. Ich weiß es **von meinem Professor.**
   a) — — — — — ?
   b) — — — — — ?

2. Ich weiß das noch von der Universität.
   a) — — — — — ?
   b) — — — — — ?
3. Die Blumen sind von Frau Berger.
   — — — — — ?
4. Die Krawatte und der Anzug sind aus einem Kaufhaus.
   — — — — — — — ?
5. Er telefoniert aus einer Telefonzelle.
   — — — ?
6. Das Paket kommt von Ihren Eltern.
   — — — — — ?

D *Form questions:* wo *or* bei wem?
1. Suma studiert **bei Professor Müller.**
   — — — — ?
2. Die Kirche ist beim Bahnhof.
   — — — — ?
3. Die Mensa ist bei der Universität.
   — — — — ?
4. Wir haben bei Familie Müller gegessen.
   — — — — — ?
5. Der Doktor ist bei den Tieren im Stall.
   — — — — ?
6. In Rothenburg können Sie bei einem Freund von mir wohnen.
   — — — — — — — ?

Haben Sie etwas zum Kleben?

Have you got any adhesive?

Tim and Pierre are on a camping tour with their German friend Robert and they get a puncture. There is a hole in an air mattress. Tim and Pierre want to fetch some hay because the ground is too hard to sleep on; they meet a fisherman who repairs the mattress.

T = Tim; P = Pierre; R = Robert; F = Father of a Family; Fi = Fisherman

T	Schön!		Beautiful!
	Steh auf, wir sind da!		Get up, we are here!
P	Wo sind wir?		Where are we?
T	Auf dem Zeltplatz!		At the camping site.
P	Vorsicht!		Careful!
T	Gib mir das Zelt!		Give me the tent.
	Gib mir das Kochgeschirr!		Give me the cooking utensils.
R	Gib ihm das Kochgeschirr und nimm den Rucksack!		Give him the cooking utensils and take the rucksack.
P	Ja, gib mir das Kochgeschirr!		Yes, give me the cooking utensils.
T	Soll ich auspacken?		Shall I unpack?
P	Soll ich Feuer machen?		Shall I make a fire?

R	Nein, wir müssen erst das Zelt aufstellen.	No, first we must put the tent up.
T	Gut, gib mir den Hammer!	Good, give me the hammer.
R	Wir haben den Hammer nicht eingepackt!	We didn't pack the hammer.
	Wir fragen die Leute dort; die haben sicher einen Hammer.	We will ask those people there, they are sure to have a hammer.

R	Guten Tag! Leihen Sie uns bitte einen Hammer?	Good day! Could you lend us a hammer, please?
F	Gerne; *(zu dem Kind)* hol den Hammer!	Gladly; *(to child)* get the hammer.
	Sollen wir Ihnen helfen?	Should we help you?
R	Die Luftmatratze hat ein Loch!	The air mattress has a hole in it.
P	Was sollen wir tun?	What shall we do?
T	Der Boden ist sehr hart!	The ground is very hard.
R	Wir schlafen auf Heu!	We'll sleep on hay.
	Dort drüben ist eine Wiese, da ist viel Heu!	There's a meadow over there, there's a lot of hay.

In the meadow they meet the fisherman.

T	Sie fischen?	You're fishing?
Fi	Ja, ich fische.	Yes, I'm fishing.
T	Ich fische auch; zu Hause.	I fish, too; at home.
Fi	Sind Sie nicht von hier?	Aren't you from here?
T	Nein, wir sind nicht von hier.	No, we're not from here.
P	Wir sind Ausländer.	We are foreigners.
T	Wir machen eine Reise durch Deutschland.	We are making a tour through Germany.
Fi	Haben Sie ein Zelt?	Have you got a tent?
P	Ja. Aber unsere Luftmatratze hat ein Loch.	Yes. But our air mattress has a hole in it.
	Ist das Ihr Rad?	Is that your bicycle?
Fi	Ja.	Yes.
P	Haben Sie etwas zum Kleben?	Have you got any adhesive?
Fi	Ja. Halten Sie mir die Angel!	Yes. Hold my rod for me.
P	Sie haben etwas zum Kleben?	You have got some adhesive?
Fi	Ja: Gummilösung!	Yes, rubber solution.
	Soll ich Ihnen helfen?	Shall I help you?
	Wo ist Ihr Zelt?	Where is your tent?
P	Dort drüben!	Over there.
Fi	*(zu Tim)* Viel Glück!	*(to Tim)* Lots of luck!

Tim remains behind alone with the rod; a policeman appears.

Po = *Policeman*

Po Sie angeln?	You're angling?
T Ja.	Yes.
Po Haben Sie schon einen Fisch gefangen?	Have you caught any fish yet?
T Nein.	No.
Po Haben Sie eine Karte? Eine Angelkarte?	Have you got a permit? A fishing permit?
Bitte, zeigen Sie mir die Angelkarte!	Please show me your fishing permit.
T Ich habe keine Karte.	I have no permit.
Po Da muß ich Sie leider aufschreiben.	Then, unfortunately, I must take your name.
T Da! Ein Fisch!	There! A fish!
Po Ein Fisch? Vorsicht! Vorsicht! Langsam, langsam ... Gut, gut!!	A fish? Careful! Careful! Slowly, slowly ... Good, good!!

While Tim and the policeman catch fish, the fisherman, together with Robert and Pierre, repairs the mattress at the camping site.

C = *Children*

Fi So, die Matratze ist repariert.	There, the mattress is repaired.
P Wir haben sie repariert.	We have repaired it.
R Ich habe Feuer gemacht.	I have made a fire.
C Wir wollen einen Fisch braten!	We want to fry a fish.
R Habt ihr einen Fisch?	Have you got a fish?

By the time the fisherman gets back to the lake, Tim has caught three.

A = *All*

T Ich habe drei Fische gefangen!	I've caught three fish.
Fi Bravo, das haben Sie gut gemacht!	Bravo, you made a good job of it.
Po Ja, aber er hat keinen Ausweis! Das ist verboten!	Yes, but he hasn't got a permit. That's forbidden!
Fi Er hat mir die Angel gehalten! Die Angel gehört mir!	He was holding my rod for me. The rod belongs to me.
Po Ach so! Die Angel gehört Ihnen? Das ist Ihre Angel?	Oh! The rod belongs to you? That's your rod?
Fi Ja, und das ist mein Ausweis!	Yes, and this is my permit.
Po Ja, und wem gehören jetzt die Fische?	Yes, and whom do the fish belong to now?
A Uns!	Us!

Wie sagt man auf deutsch?
How do you say it in German?

1.

Und wem gehören jetzt die Fische?   Uns!

Wir haben die Fische gefangen!   **Uns** gehören sie jetzt!   **uns**

Uns *is the dative form of* **wir.**

2.

Das Zelt gehört uns.   Können Sie uns helfen?   **Dat.**

Kommen Sie zu uns!   Bei uns ist es schön!

3.

Besucht ihr uns morgen? | Setzen wir uns! *(Reflexive!)*   **uns (Acc.)**

Er hat uns nicht gesehen. | Das ist sehr schwer für uns!

uns *is also the accusative of* **wir.**

4.

Ich interessiere mich   für Sport, Technik und Kunst.   **uns**

Wir interessieren uns für Sport, Technik und Kunst.   **Reflex-**

Wir legen uns jetzt auf unsere Luftmatratze.   **ive**

5.

Soll ich auspacken? | Sollen wir Ihnen helfen?   **sollen**

Soll ich Feuer machen? | Sollen wir morgen wiederkommen?

With **sollen** *one can ask whether something is right (desired).*

6.

Haben Sie etwas zum Kleben?   Leider, ich habe nichts   **etwas zum**
         zum Kleben.

Ich habe nichts zum Schreiben!   Bitte, hier ist etwas   **nichts zum**
         zum Schreiben.

Used before **zum,** *the word* **etwas (nichts)** *indicates a tool.*

7.

Was haben Sie zu essen? | Haben wir heute etwas zu lernen? | **etwas zu**

Was gibt es zu trinken? | Morgen habe ich nichts zu tun!   **nichts zu**

Cf. Ich habe nichts zu schreiben.   (*writing job*)
   Ich habe nichts zum Schreiben!   (*writing utensil*)

Used before **zu, etwas (nichts)** *indicates the object itself.*

8.
Brauchen Sie noch etwas? = Haben Sie noch einen Wunsch?   **noch etwas**
etwas Tee = ein wenig Tee; etwas Zucker = ein wenig Zucker   **etwas**

Used before the name of a substance, **etwas** *means a little of it.*

Wörter
Vocabulary

der Ausweis/e	*permit, identity card*	der Zeltplatz/ Zeltplätze	*camping site*
die Angel/n	*fishing rod*		
die Angelkarte/n	*fishing permit*	aufschreiben	*to write down, take somebody's name*
der Boden	*ground, soil*		
das Feuer	*fire*		
die Gummilösung	*rubber solution*	aufstellen	*to put up, set up*
die Lösung/en	*solution*	auspacken	*to unpack*
der Gummi	*rubber*	einpacken	*to pack*
der Hammer/ Hämmer	*hammer*	braten (ä)	*to fry, to roast*
		fangen (ä)	*to catch*
das Heu	*hay*	fischen	*to fish*
das Kochgeschirr/e	*cooking utensils*	kleben	*to stick, to adhere*
das Loch/Löcher	*hole*	leihen	*to lend*
die Luftmatratze/n	*air mattress*	schlafen (ä)	*to sleep*
die Luft	*air*	sollen	*(aux. verb) shall, should, ought*
das (Fahr)Rad/ Räder	*bicycle*		
die Wiese/n	*meadow*	hart	*hard*
das Zelt/e	*tent*	weich	*soft*
		zu Hause	*at home*

Wendungen
Phrases

Das Kinderlied: *The children's song:*
O, wie wohl ist mir am Abend,   *Oh, how blissful I feel in the evening,*
wenn zur Ruh' die Glocken läuten: *When the bells call us to rest:*
Bim bam, bim bam, bim bam.   *Ding-dong, ding-dong, ding-dong.*

Übungen und Aufgaben
Exercises

A *Insert the dative or accusative of* wir.

0. Wir haben viel Gepäck.	Der Gepäckträger hilft uns.
1. Wir fragen den Portier.	Der Portier antwortet — .
2. Wir fragen den Kontrolleur.	Er sagt es — .
3. Wir haben kein Zelt.	Auch der Hammer gehört nicht — .
4. Wir haben viel zu essen!	Komm zu — !
5. Wir haben noch Zeit.	Bleiben Sie doch noch bei — !
6. Wir können das nicht allein machen.	Ihr müßt — helfen.
7. Wir haben Freunde.	Sie besuchen — morgen.
8. Wann sehen wir uns wieder?	Hoffentlich sehen wir — morgen.
9. Dort sind Tim und Pierre.	Schade, sie haben — nicht gesehen.

B sollen

0. Du packst deinen Koffer aus.	Soll ich meinen auch auspacken?
1. Gehst du jetzt zum Essen?	— ich auch — — — ?
2. Hier kann man Postkarten kaufen.	— wir auch — — ?
3. Kennen Sie München?	— ich Ihnen — — ?
4. Der Koffer ist zu schwer für Sie!	— wir Ihnen — ?

C etwas or etwas zu

1. Wir haben nichts zu trinken.	Haben Sie — — trinken?
2. Ich habe keinen Zucker.	Kann ich — — haben?
3. Wir haben nichts zum Kleben.	Haben Sie — — Kleben?
4. Haben Sie Milch?	Möchten Sie — — haben?
5. Ich habe nichts zu essen.	Haben Sie — — essen?
6. Ich kann noch ein wenig hier bleiben.	Ich habe noch — Zeit.

D *Complete the answers.*

0. Haben Sie etwas zu verzollen?
   Nein, ich habe nichts zu verzollen.
1. Haben Sie schon etwas zu essen?
   Nein, ich habe noch — — — .
2. Haben Sie nichts zu trinken?
   Doch, ich habe — — — .
3. Hast du etwas zum Schreiben?
   Leider nein, ich habe — — — .
4. Habt ihr nichts zu rauchen?
   Doch, wir haben etwas — — .

Ich bin Spezialist!

I am a specialist!

Aki finds a new job and new friends in the Ruhr district. At the bus station in Munich he takes leave of his old friends, whom he does not notice at first.

A = *Aki*; F = *Friends*; T = *Taxi Driver*; B = *Bus Conductor*

A	*(zum Taxifahrer)* Können Sie mir einen Koffer tragen?	*(to taxi driver)* Can you carry a case for me?

A	Halt, die Koffer gehören mir!	Stop, these cases belong to me.
F	Wir helfen dir!	We'll help you.
A	Ah, meine Freunde helfen mir!	Ah, my friends will help me.
T	Ihre Freunde helfen Ihnen!	Your friends are helping you.
F	Da steht dein Bus!	Your bus is standing there.
B	Fahren Sie mit uns?	Are you going with us?
A	Ja, ich fahre ins Ruhrgebiet.	Yes, I'm going to the Ruhr district.
B	Geben Sie mir bitte die Koffer!	Give me the cases please.
F	Wir haben dir etwas mitgebracht!	We've brought you something.

A	Was ist das? Ein Schraubenzieher! Paßt mal auf!	What is that? A screwdriver! Look here.
B	Was machen Sie denn da?	What are you doing there?
A	Ich bin Spezialist!	I am a specialist.
B	Gut, aber jetzt bitte einsteigen!	All right, but please get in now.
F	Auf Wiedersehen! Schreib uns!	Auf Wiedersehen! Write to us!
A	Ich schreibe euch!	I'll write to you.

The personnel manager of the steel works welcomes the new trainees.

P = *Personnel Manager*; Pt = *Peter, Aki's new friend*

P	Aus welcher Stadt kommen Sie?	What town do you come from?
Pt	Aus Hannover.	From Hanover.
P	Sind Sie dort geboren?	Were you born there?
Pt	Ja, ich bin in Hannover geboren.	Yes, I was born in Hanover.
P	Ich bin auch aus Hannover! (*Zu Aki*) Und aus welcher Stadt kommen Sie?	I'm from Hanover, too. (*To Aki*) And what town do you come from?
A	Ich komme aus München.	I come from Munich.
P	Seit wann sind Sie in Deutschland?	How long have you been in Germany?
A	Seit einem Jahr.	For one year.
P	Sie sprechen gut Deutsch! Also, ich hoffe, es gefällt Ihnen bei uns. Und jetzt zeigen wir Ihnen das Werk.	You speak good German. Well, I hope you like it here. And now we'll show you the works.

On the tour through the works Aki and Peter exchange helmets.

Pt	Tauschen wir?	Shall we change?
A	Wir tauschen.	We'll change.
Pt	In Ordnung?	All right?
A	In Ordnung!	All right.
Pt	Gehört der Schraubenzieher dir?	Does the screwdriver belong to you?
A	Ja, das ist mein Schraubenzieher.	Yes, that is my screwdriver.
Pt	Wie heißt du?	What are you called?
A	Aki. Und du?	Aki. And you?
Pt	Ich heiße Peter. Komm, wir gehen jetzt zum Stahlwerk!	My name is Peter. Come on, we're going to the steel works now.

In the steel works the foreman explains steelmaking.

F = *Foreman*

F	Jetzt zeige ich Ihnen den Hochofen.	Now I'll show you the blast furnace.
Pt	Hast du das verstanden? Im Hochofen wird aus Erz ...	Did you understand that? In the blast furnace, out of ore they...
A	... Eisen gewonnen!	... extract iron.
F	Aus Eisen wird Stahl gemacht. Das ist Stahl!	Out of the iron steel is made. That is steel.
Pt	Hast du das verstanden?	Did you understand?
A	Ja, ich habe verstanden: Aus Eisen wird Stahl gemacht.	Yes, I understood: Steel is made out of iron.
F	Das ist die Walzenstraße! Hier wird der Stahl geformt.	This is the rolling mill. The steel is shaped here.

The foreman now introduces the new trainee at his new place of work.

F	Das ist der Praktikant aus München.	This is the trainee from Munich.
	Ich hoffe, auch die Arbeit macht Ihnen Freude.	I hope the work will give you pleasure, too.

> **Wie sagt man auf deutsch?**
> *How do you say it in German?*

1.

Friends: Schreib uns!   *Aki:* Ja, ich schreibe euch!   **euch**
Könnt **ihr** die Koffer nicht tragen?   Wir helfen **euch**!

euch *is the dative form of* **ihr**.

2.

Gehört das Zelt euch?   Wir leihen euch den Hammer!   **Dat.**
Wir kommen zu euch!   Bei euch ist es schön!

3.

Wir besuchen euch morgen.   Wir begleiten euch noch!   **euch**
Wir haben euch nicht gesehen!   Hier: Das ist für euch!   **Acc.**

euch *is also the accusative form of* **ihr**.

184

4.

Interessiert ihr euch für Musik?	Ihr müßt euch festhalten!	**euch**
Legt euch nicht auf den Boden!	Er ist naß! Setzt euch!	**Reflexive**

5.

Können Sie mir, bitte, einen Koffer tragen?	**(C)**
Können Sie mir, bitte, sagen . . .	

6.

Aus Erz **wird** Eisen **gewonnen.**	**Passive:**
Aus Eisen **wird** Stahl **gemacht.**	**werden**
Hier **wird** der Stahl **geformt.**	**+ Part.**

wird + participle = passive form

The passive indicates a process. The person performing the process is usually not named. (Cf. 19/1, 2) The subject is the product of the process.

7.

Aus Erz:	Was wird aus Erz gewonnen? (Eisen!)	**aus +**
Aus Eisen:	Ist der Hammer aus Eisen? (Ja!)	**material**
Aus Stahl:	Der Schraubenzieher ist aus Stahl.	
Aus Metall:	Das Besteck ist aus Metall. (Messer, Löffel, Gabeln)	
Aus Blech:	Das Auto ist aus Blech. (Die Karosserie)	

8.

Aus welcher Stadt kommen Sie?	Ich **komme** aus Hannover.	**journey**
Sind Sie dort **geboren?**	Ja, ich **bin** aus Hannover.	**birth**

9.

Gefällt **es** Ihnen hier?	Ja, **es** gefällt mir gut hier!	**es (C)**
Gefällt **es** dir bei uns?	Ja, bei euch gefällt **es** mir!	**(Cf. 18/3)**

10.

Macht Ihnen **die** Arbeit Freude?	Ja, **sie** macht mir viel Freude.	**Pronoun**
Sie lernen Deutsch.	Macht **es** Ihnen Freude?	
	Ja, **es** macht mir viel Freude!	
Sehen Sie den Hochofen?	Ja, dort ist **er,** ich sehe **ihn.**	

Do not forget the correct pronoun in the answer.

Wörter
Vocabulary

das Eisen	iron	der Stahl	steel
das Erz	ore	das Stahlwerk/e	steel works
die Fabrik/en	factory	das Werk/e	works
der Helm/e	helmet	das Werkzeug/e	tool
der Hochofen/	blast furnace	die Walzenstraße	rolling mill
Hochöfen			
der Ofen/Öfen	furnace, oven	beeilen, sich	to hurry
das Ruhrgebiet	Ruhr district	formen	to shape
das Gebiet/e	district, area	gewinnen	to extract, to win
die Schraube/n	screw	hoffen	to hope
der Schrauben-	screwdriver	tauschen	to change,
zieher/—			exchange
der Spezialist/en	specialist	tragen (ä)	to carry
der Fachmann/	expert, specialist	Freude machen	to give pleasure
Fachleute			

Wendungen
Phrases

Wie wird Kunststoff gemacht?	How is plastics (material) made?
Woraus wird Kunststoff gemacht?	What is plastics (material) made of?
Papier wird aus Holz gemacht.	Paper is made from wood.
Dieses Haus ist aus Stein.	This house is of stone.

Übungen und Aufgaben
Exercises

A Insert the dative.

0. Wie geht es euch?	Danke, uns geht es gut.
1. Wir helfen — ,	helft ihr uns auch?
2. Sollen wir — helfen?	Ja bitte, helft uns!
3. Sollen wir — den Weg zeigen?	Ja bitte, zeigt uns den Weg!
4. Sollen wir — das Zelt leihen?	Ja bitte, leiht es uns!
5. Wir geben — den Hammer,	da habt ihr ihn!
6. Ich schreibe — von Hamburg eine Karte.	Ja, schreib uns eine Karte!

186

B *Insert the accusative.*

0. Ich sehe euch! Da seid ihr!
1. Wir begleiten — ! Wollt ihr?
2. Wir kennen — schon, ihr seid Tim und Pierre!
3. Aki hat — gesucht. Wo wart ihr?
4. Wir haben — doch eingeladen. Warum seid ihr nicht gekommen?
5. Er hat — schon gefragt, aber ihr habt nicht geantwortet.

C *Insert the missing words.*

1. Wie wird Eisen gewonnen? Eisen — aus Erz gewonnen.
2. Wie wird Stahl gemacht? Stahl — aus Eisen — .
3. Wo wird Eisen gewonnen? Im Hochofen — Eisen — .

D *Form the passive.*

1. Wann wird heute gearbeitet? Heute — von 8 bis 17 Uhr — .
2. Hier lernt man Deutsch. Hier — Deutsch gelernt.
3. Wo verkauft man Fahrkarten? Wo — Fahrkarten — ?
4. Warum bringt man das Gepäck nicht? Warum — das Gepäck nicht — ?
5. Wir schreiben das Wort „von" mit „v". Das Wort „von" — mit „v" — .
6. Wie lesen wir „eu", „ai", „ei", „au"? Wie — „eu", „ai", „ei", „au" — ?
7. Wie sprechen wir „stehen"? Wie — „stehen" — ?

E *Form the passive as indicated in the example.*

0. Heute haben wir viel gegessen. Heute wurde viel gegessen.
1. Heute haben wir viel gebraucht. Heute — — — .
2. Wir haben hier einen Geldbeutel gefunden. Hier — — — — .
3. Wann haben wir die Rechnung bezahlt? Wann — — — — ?

F *Form questions, always using* Freude machen.

0. Die Arbeit (Sie) Macht Ihnen die Arbeit Freude?
1. Die Reise (du) — — die Reise — ?
2. Das Essen (Sie) — — — — — ?
3. Essen und Trinken (ihr) — — — — — — ?
4. Schi laufen (Suma) — — — — — ?
5. Fußball spielen (du) — — — — — ?

Sie haben die Prüfung bestanden!

You have passed the examination!

Suma has finished her doctor's examination, but does not know the result yet. Her friends have thought up a clever idea for the presentation of her diploma.

S = *Suma*; G = *Goethe*; B = *Beethoven*; H = *Humboldt*; C = *Cow*; Gi = *Giraffe*

Suma encounters costumed figures in the castle park.

G	Mein Name ist Goethe.	My name is Goethe.
	Johann Wolfgang von Goethe.	Johann Wolfgang von Goethe.
	Darf ich vorstellen:	May I introduce:
	Das ist Herr Beethoven.	Mr. Beethoven.
B	Ludwig van Beethoven.	Ludwig van Beethoven.
G	Darf ich Ihnen auch meinen	May I also introduce my
	Freund Humboldt vorstellen?	friend Humboldt?
H	Alexander von Humboldt.	Alexander von Humboldt.

G Sie wundern sich?	You are amazed?
Aber es ist kein Traum.	But it is not a dream.
Wir sind wirklich da.	We are really here.
B Auch ihre Freunde sind da.	Your friends are here, too.
S Ach, das seid ihr!	Oh, it's you.
H Und sehen Sie hier: Eine Kuh und	And look here — a cow and
eine Giraffe!	a giraffe!
Kennen Sie diese beiden?	Do you know these two?
S O ja, ich kenne sie sehr gut!	Oh yes, I know them very well.
Was macht ihr denn da?	What are you doing here?
C Ja, was ist hier los?	Yes, what's going on?
Gi Ja, was machen wir jetzt?	Yes, what shall we do now?
G Eine Prüfung.	An examination.
S Noch eine Prüfung?	Another examination?
H Ja, Sie müssen noch eine Prüfung	Yes, you must take another
ablegen.	examination.
B Sie müssen alle Fragen auf deutsch	You must answer all the questions in
beantworten.	German.
H Sie haben doch in Deutschland	You have learnt German in Germany,
Deutsch gelernt!	haven't you?
S Ich glaube schon.	I believe so.
G Bitte, nehmen Sie Platz!	Please take a seat.

H Was tut dieser Mann?	What is this man doing?
S Er schreibt.	He is writing.
H Was schreibt er?	What is he writing?
S Er schreibt ein Buch über fremde	He is writing a book on foreign
Länder und Völker.	countries and peoples.
H Was für einen Beruf hat er?	What is his profession?
S Er ist Geograph; er ist Wissen-	He is a geographer; he is a scientist.
schaftler.	
H Wie heißt dieser Wissenschaftler?	What is the name of this scientist?
S Er heißt . . .; ich weiß es nicht!	His name is . . .; I don't know!
Das ist Alexander von Humboldt!	That is Alexander von Humboldt.

B Was tut dieser Mann?	What is this man doing?
S Er schreibt.	He is writing.
B Was schreibt er?	What is he writing?
S Er schreibt Musik!	He is writing music.
B Was für einen Beruf hat dieser	What is this man's profession?
Mann?	
S Er ist Komponist.	He is a composer.
B Wie heißt dieser Komponist?	What is this composer's name?
S Ludwig van Beethoven!	Ludwig van Beethoven.

G Sie spricht gut Deutsch!	She speaks good German.
B Und sie kennt mich!	And she knows me.

G Was tut dieser Mann?	What is this man doing?
S Er schreibt.	He is writing.
G Was schreibt er?	What is he writing?
S Er schreibt — einen Roman;	He is writing — a novel;
ein Drama — ein Gedicht!	a drama — a poem!
G Was für einen Beruf hat er?	What is his profession?
S Er ist Dichter! Und wie heißt dieser	He is a writer! And what is that
Dichter?	writer's name?
Johann Wolfgang von Goethe!	Johann Wolfgang von Goethe!
G Danke, Sie haben die Prüfung	Thank you. You have passed the
bestanden!	examination.
B Sie haben wirklich sehr gut Deutsch	You have really learnt German very
gelernt!	well.

> **Wie sagt man auf deutsch?**
> *How do you say it in German?*

1.

Sie **wundern sich**?   **sich**
Sie **dürfen**   **sich** nicht wundern!
Sie **dürfen**   **sich** hier nicht wundern!

*The reflexive pronoun follows immediately after the personal
form, even when the latter is formed with a modal verb.*

2.

Ich **ant**worte meinem Freund.	*(Person: Dative)*
Ich **be**antworte seinen Brief.	*(Thing: Accusative)*
Ich beantworte diese Frage.	

Sie müssen alle Fragen auf deutsch beantworten.

antworten *is directed towards a person (Dative).*   **Cf. 15/5**
beantworten *is directed towards a thing (Accusative).*

3.

Ich beantworte	meinem Freund	diesen Brief.	
Jetzt zeigen wir	Ihnen	das Werk.	*(Cf. 25/9)*
Gib	mir	den Hammer!	*(Cf. 24)*

*A person (dative) and a thing (accusative) are often contained
in one sentence.*

190

4.

Was für einen Beruf hat dieser Mann?	Er ist Dichter.	**was für ein**
Was für ein Metall ist das?	Das ist Eisen.	**Cf. 15/5**
Aus was für ein**em** Metall ist das Schwert?	Aus Eisen.	**aus + Dat.**

was für ein *asks about the type of a thing or person.*

5.

Er schreibt über fremde Länder und Völker. **über**
Können Sie uns etwas über Ihr Land sagen?
Ich habe nichts über ihn gesagt.

6.

Was tut dieser Mann? Er schreibt.

tun *mostly indicates activity in general; e. g. Ich habe nichts zu* **tun**
tun. Das tut man nicht. Was tun Sie heute?

7.

Ich mache eine Reise. Aus Eisen wird Stahl gemacht.

machen *usually has some result, often a specific object.* **machen**

> ## Wörter
> *Vocabulary*

der Beruf/e	*profession*	der Wissen-	*scientist*
das Buch/Bücher	*book*	schaftler/—	
der Dichter/—	*writer, poet*		
das Drama/	*drama*	beantworten	*to answer*
Dramen			*(a question)*
die Frage/n	*question*	glauben	*to believe*
das Gedicht/e	*poem*	vorstellen, sich	*to introduce*
der Geograph/en	*geographer*		*oneself*
die Geographie	*geography*	wundern, sich	*to be amazed*
die Giraffe/n	*giraffe*		*(surprised),*
der Komponist/en	*composer*		*to wonder*
die Prüfung/en	*examination*	ablegen (Prüfung)	*to take (an*
der Roman/e	*novel*		*examination)*
der Traum/	*dream*		
Träume		was für ein	*what sort of*
das Volk/Völker	*people, nation*	über	*on, about, at*

191

Darf ich mich vorstellen?	*May I introduce myself?*
Darf ich Ihnen meinen Freund vor-stellen?	*May I introduce my friend (to you)?*
Ich wundere mich über dieses Buch.	*I am amazed at this book.*
Ich lese ein Buch über Deutschland.	*I am reading a book about Germany.*
Können Sie meine Frage beantworten?	*Can you answer my question?*

Übungen und Aufgaben
Exercises

A *Complete the sentences.*

machen

1. Ich — ein Foto.
2. Das haben Sie sehr gut — .
3. Das — nichts.
4. Diese Blumen — der Dame sicher Freude.
5. Da ist nichts zu — .
6. Aki, — schnell!

tun

1. Was kann ich für Sie — ?
2. Ich habe es gern — .
3. Das — nichts zur Sache.
4. Tieren darf man nichts — .
5. Au, das — weh!
6. Sie — nur immer so!

B was für ein *or* welcher?

0. Was für **ein** Praktikant ist Aki?　　**Ein** Industriepraktikant.
0. Welcher Bus fährt zum Olympia-Stadion?　　**Der** Bus Nr. 32.
1. — Vorlesung besucht Suma?　　Eine Medizinvorlesung.
2. — Tor hat Tim fotografiert?　　Das Tor dort.
3. — Tor hat Tim fotografiert?　　Ein Tor in Rothenburg.
4. — Städte in Deutschland kennen Sie?　　Ich kenne die Städte Berlin, Hamburg, München und Rothenburg.
5. — Burg liegt dort?　　Die Burg von Ritter Heinrich.
6. — Buch will sich Tim kaufen?　　Er will sich ein Buch zum Deutsch-lernen kaufen.

C Wofür interessieren Sie sich?

In the answers use words from Vocabularies 19 and 26.
Form 3 sentences with names. Form 3 sentences with other words.
(e. g.: ... für Dürer; ... für Malerei etc.)

D *Insert the missing words.*

1. Heute kommen unsere Freunde aus Rothenburg.
   Wir wollen — die Stadt zeigen.
   Was wollt ihr ihnen zeigen? — — !
2. Der Meister hat heute Geburtstag.
   Was haben die Praktikanten — geschenkt?
   — haben ihm Blumen gekauft.
3. Tim hat Pierre nach einem Wort gefragt.
   Pierre weiß — auch nicht.
   Er sagt zu Tim: Das kann ich — leider nicht sagen.
4. Du bist doch mein Freund.
   Bitte, gib — 5 Mark.
   Was soll ich — geben? — — !

SOLUTIONS OF EXERCISES

(The solutions given in brackets are alternatives.)

Episode 1

A

1. Ja, ich lerne Deutsch.
2. Ja, ich besuche Deutschland.
3. Ja, ich warte.

B

1. Ja, ich spreche auch Deutsch.
2. Ja, ich besuche auch Deutschland.
3. Ja, ich mache auch eine Reise.

C

1. Studieren Sie Medizin?
2. Warten Sie auch?
3. Lernen Sie auch Deutsch?

D

1. Ich bin Studentin; ich studiere Medizin.
2. Ich bin Praktikant; ich lerne Deutsch.
3. Ich bin Tourist; ich mache eine Reise.

E

1. Warten Sie auch hier?
2. Arbeiten Sie auch?
3. Sind Sie auch Tourist?

Episode 2

A

1. Wir besuchen eine Universität.
2. Wir machen eine Reise.
3. Wir sprechen Deutsch.
4. Wir machen ein Foto.

B

1. Ja, ich spreche Deutsch.
2. Ja, wir lernen Deutsch.
3. Ja, ich mache ein Foto.
4. Ja, wir machen eine Reise.

C

1. Ja, das ist mein Foto.
2. Ja, das ist mein Freund.
3. Ja, das ist meine Postkarte.

D

a)
1. Das ist ein Tor.
2. Das ist eine Postkarte.
3. Das ist ein Tourist.

b)
1. Das sind Tore.
2. Das sind Postkarten.
3. Das sind Touristen.

Episode 3

A

1. Tim macht auch eine Reise durch Deutschland.
2. Aki mietet auch ein Zimmer.
3. Mein Freund studiert auch Medizin.
4. Pierre besucht auch Rothenburg.
5. Aki arbeitet auch in Deutschland.
6. Tim und Pierre sind auch Freunde.
7. Meine Postkarten sind auch hier.

B

1. Es ist noch frei.
2. Es kostet 80 Mark.
3. Er macht eine Reise.
4. Er ist mein Freund.
5. Er sucht ein Zimmer.
6. Er lernt Deutsch.

C

1. Hier ist es.
2. Da ist er.
3. Ja, hier ist er.

D

1. Ist es nicht schön?
2. Ist er nicht bequem?
3. Ist es nicht schön?

E

1. Oh, das Zimmer ist wirklich schön!
2. Der Sessel ist wirklich sehr bequem!
3. Die Postkarte ist sehr schön!

F

1. Hier sind die Fotos!
2. Das sind meine Kleider!
3. Aber nur für 4 Wochen!
4. Das sind Touristen!

Episode 4

A

1. Mein Freund hat auch Hunger.
2. Herr B. hat auch eine Blume.
3. Herr R. hat auch eine Verabredung.

B

1. Haben Sie auch Hunger?
2. Haben Sie auch zwei Plätze?

C

1. Was trinken Sie?
2. Was essen Sie?
3. Wie geht es Ihnen?

D

1. Es gibt Kaffee, Tee und Limonade.
2. Danke, es geht mir gut, und Ihnen?
3. Hier gibt es Postkarten und Fotos.

E

1. Nein, ich mache keine Geschäftsreise.
2. Nein, ich suche kein Zimmer.
3. Nein, ich habe kein Foto.

F

1. Ja, das ist es!
2. Ja, das ist er!
3. Ja, das ist es!

G

1. Doch, mein Platz ist sehr bequem.
2. Ja, er ist in Deutschland.
3. Doch, er ist in München.
4. Doch, das ist mein Freund.
5. Nein, er hat noch kein Zimmer.
6. Doch, hier gibt es Blumen.
7. Nein, hier gibt es keine Postkarten.

H

1. Sind diese Plätze auch frei?
2. Sind Ihre Fotos auch schön?
3. Sind die Plätze auch besetzt?

Episode 5

A

1. Es ist Viertel nach 5.
2. Es ist 10 Minuten nach 12.
3. Es ist halb 12.

B

1.—3. Wieviel Uhr ist es?
Wie spät ist es?

C

1. Um 12 Uhr gehe ich zum Essen.
2. Um 6 Uhr kommt mein Freund.
3. Um 8 Uhr habe ich meine Verabredung.

D

1. Um 9 Uhr liest Professor Müller.
2. Wir gehen um 1 Uhr zum Essen.

E

1. Ich studiere schon 4 Jahre.
2. Ich warte schon 10 Minuten.
3. Ich bin schon 8 Tage in Deutschland.
4. Ich suche schon 3 Stunden.
5. Mein Praktikum dauert 2 Semester.
6. Die Reise nach Deutschland dauert
   2 Monate.

F

1. Eine Stunde hat 60 Minuten.
2. Ein Monat hat 4 Wochen.
3. Ein Jahr hat 52 Wochen.
4. Ein Monat hat 30 (31) Tage.
5. Ein Jahr hat 12 Monate.
6. Eine Woche hat 7 Tage.

G

2 Plätze; 12 Fotos; 20 Gäste; 200 Touristen; 4 Freunde; 5 Postkarten; 3 Jahre; 8 Stunden; 3 Fächer; 6 Bilder; 7 Semester; 10 Minuten.

H

1. Ich auch.   (Ich nicht.)
2. Ich auch nicht.
3. Ich auch.   (Ich nicht.)
4. Pierre auch.
5. Ich auch nicht.
6. Ich auch.   (Ich nicht.)
7. Ich auch nicht.
8. Ich auch.   (Ich nicht.)
9. Tim auch.   (Tim nicht.)
10. Ich auch.   (Ich nicht.)
11. Ich auch nicht.
12. Philipp auch nicht.

I

1. Ich gehe zum Essen immer in die Mensa.
2. Pierre ist Tourist. Tim ist auch Tourist.

3. Herr Ricardo hat heute eine Verabredung.
4. Wir gehen mittags zum Essen in die Mensa.
5. Sind die Plätze noch frei?
6. Nein, sie sind leider schon besetzt.
7. Jetzt ist das Zimmer leider nicht mehr frei.
8. Diese Plätze sind leider nicht bequem.

Episode 6

A

1. Fährt dieser Zug nicht nach Hamburg?
2. Nein, dieser Zug fährt nicht nach Hamburg.
3. Dieser Zug kommt von Hamburg.
4. Jetzt bleibt der Zug hier in München.

B

1. Fährt dieser Zug nach München?
2. Nein, dieser Zug fährt nicht nach München; er fährt nach Berlin.
3. Kommt dieser Zug von Hamburg?
4. Ja, dieser Zug hier kommt von Hamburg.
5. Der Zug dort kommt von Berlin.
6. Bleibt dieser Zug in München?
7. Nein, dieser Zug fährt nach Frankfurt.
8. Hält der Zug auch in Rothenburg?
9. Ja, der Zug hält in Rothenburg und in Frankfurt.
10. Wie lange sind Sie schon in München?
11. Ich bin schon 2 Jahre in München.
12. Bleiben Sie immer in München?
13. Nein, ich studiere und arbeite in München.

C

1. Nach München.
2. Zum Schalter. (Zum Bahnsteig.)
3. Nach Hamburg.

4. In die Universität.
5. Zum Bahnsteig.
6. In die Vorlesung.

D

1. Hält dieser Zug in Rothenburg?
2. Fahren Sie im nächsten Jahr nach Deutschland?
3. Ist das der Zug nach Hamburg?
4. Steht der Zug nach Hamburg auf Gleis 13?
5. Geht Tim jetzt zum Essen?
6. Studieren Sie in Frankfurt?
7. Geht Pierre in die Uni?
8. Gehen Sie jetzt zum Fundbüro?

E

1. Da ist Tim, und da ist sein Gepäck!
2. Hier sind wir, und hier ist unser Gepäck!
3. Herr Ricardo, ist das Ihr Gepäck?
4. Ricardo: Ja, das ist mein Gepäck!

F

1. Nein, das ist nicht meine Fahrkarte.
2. Ja, das ist mein Freund.
3. Nein, das ist nicht sein Gepäck.
4. Nein, das ist nicht mein Gepäck.
5. Ja, das ist unser Gepäck.

G

1. Das Wasser
2. Die Karte
3. Der Zug
4. Das Büro
5. Die Karte
6. Das Schnitzel

Episode 7

A

1. Darf ich heute kommen?
2. Herr Ricardo darf jetzt nicht über die Straße gehen.
3. Dürfen wir jetzt gehen?
4. Pierre kann heute nicht nach Berlin fahren.

5. Ich darf nicht schneller fahren.
6. Aki kann das Zimmer nicht nehmen.

B

1. Darf ich um 4 Uhr kommen?
2. Kann ich diese Straßenbahn nehmen?
3. Kann ich noch ein Foto machen?
4. Muß ich ein Praktikum machen?
5. Kann ich hier Deutsch lernen?
6. Darf ich Professor Müller sprechen?

C

1. Ja, ich darf heute Wein trinken.
2. Ja, wir müssen jetzt umsteigen.
3. Nein, ich darf nicht schneller fahren.
4. Ja, Sie dürfen jetzt gehen.
5. Ja, ich möchte essen und trinken.
6. Ja, Sie können auch zu Fuß gehen.

D

1. Was (Wieviel) muß ich bezahlen?
2. Wohin muß ich jetzt fahren?
3. Wohin muß ich gehen?
4. Was (Wieviel) kann das kosten?
5. Wann möchten Sie nach Deutschland fahren?
6. Wo kann ich schreiben?
7. Wie lange muß ich noch warten?
8. Wo kann ich Platz nehmen?
9. Wie lange kann ich bleiben?
10. Wo kann ich mein Gepäck holen?

Episode 8

A

1. Bitte, nehmen Sie Ihren Fahrschein.
2. Fragen Sie den Portier.
3. Sehen Sie Ihren Bus?
4. Nein, es gibt hier keinen Schalter.
5. Hast du meinen Fußball?

B

1. Ich hole einen Sessel.
2. Wir haben einen Gast.

3. Haben Sie eine Fahrkarte?
4. Ja, ich habe einen Fahrschein.
5. Hast du schon ein Zimmer?
6. Warten Sie einen Augenblick!

C

1. Sehen Sie den Baum dort?
2. Nehmen Sie den Bus!
3. Wir nehmen den Zug nach München.
4. Möchten Sie das Spiel sehen?
5. Nimm die Fahrkarte!
6. Sprechen Sie den Satz zweimal!

D

1. Machen Sie aus zwei Sätzen einen Satz!
2. Sehen Sie den Schalter dort?
3. Ich möchte eine Fahrkarte nach Rothenburg.
4. Bitte, warten Sie einen Augenblick!
5. Fragen Sie den Portier!
6. Wir nehmen den Schnellzug um Viertel nach 7 (Uhr)!

E

1. Wir begleiten den Gast nach Hause.
2. Möchten Sie die Postkarte haben?
3. Spricht er den Satz richtig?
4. Darf ich jetzt das Fenster öffnen?
5. Die Reise dauert einen Monat.

F

1. Er begleitet seinen Freund.
2. Ja, ich habe meinen Platz.
3. Ja, wir sehen unseren Zug.
4. Ja, ich habe einen Fahrschein.
5. Nein, ich habe keinen Fahrschein.

G

1. Öffnen Sie bitte das Fenster!
2. Wir machen eine Reise.
3. Tim macht ein Foto.
4. Nimm den Zug um 3 Uhr!
5. Er sagt eine Jahreszeit.
6. Wir sagen die 3 Monate.
7. Hast du schon einen Fahrschein?

8. Sie müssen eine Stunde warten!
9. Ich warte schon einen Monat!
10. Gibt es hier kein Bier?
11. Gibt es hier keine Limonade?
12. Gibt es hier keinen Schalter?
13. Gibt es hier keine Speisenkarte?
14. Die Reise dauert eine Stunde.
15. Diese Reise dauert einen Tag.
16. Ich lerne schon ein Jahr Deutsch.
17. Ich habe leider kein Zimmer frei.
18. Er begleitet seinen Freund nach Hause.

H

1. In Deutschland gibt es vier Jahreszeiten.
2. Die vier Jahreszeiten heißen Frühling, Sommer, Herbst, Winter.
3. Ein Tag hat 24 Stunden.
4. In Deutschland blühen die Bäume im Frühling.
5. Im Winter laufen die Leute in Deutschland Schi.
6. Der Unterricht beginnt um 8 Uhr.

I

Pierre: Wir machen heute im Freien ein Spiel!
Tim: Wann machen wir ein Spiel?
Pierre: Heute!
Aki: Was machen wir heute?
Pierre: Ein Spiel!
Suma: Wo machen wir heute ein Spiel?
Pierre: Im Freien!

Episode 9

A

1. Ja, ich habe den Kaffee schon bestellt.
2. Ja, ich habe die Rechnung bezahlt.
3. Ja, ich habe die Übung schon gemacht.
4. Ja, ich habe das Fenster jetzt geöffnet.

B

1. Ja, ich habe Musik studiert.
2. Wir haben in München studiert.

3. Wir haben Musik studiert.
4. Im Mai hat Tim Hamburg besucht.
5. Suma hat den Kaffee bestellt.
6. Ja, ich habe Suma zum Essen begleitet.

C

1. Nein danke, ich habe schon bestellt.
2. Nein danke, wir haben Berlin schon besucht.
3. Nein, ich habe die Fahrkarte schon gekauft.
4. Nein, wir haben den Akkusativ schon gelernt.
5. Nein, ich habe das Examen schon gemacht.
6. Ich habe das Gepäck schon geholt.
7. Ich habe meinen Professor schon gefragt.

D

1. Wir haben ein Doppelzimmer bestellt.
2. Ich habe ein Zimmer mit Bad bestellt.
3. Ich habe Eintrittskarten für das Fußballspiel bestellt.
4. Wir haben nach München telefoniert.
5. Tim hat mit Suma telefoniert.
6. Ich habe gestern telefoniert.

E

1. Haben Sie Karten für Moreno, den Zauberer?
2. Wo sind die Eintrittskarten für die Vorstellung?
3. Wo gibt es die Fahrkarten für den Schnellzug nach München?
4. Was haben Sie für den Schrank bezahlt?
5. Wo ist der Platz für meinen Freund?
6. Hier ist unser Gepäck für die Reise!

Episode 10

A

1. Nein, ich habe in Wien studiert.
2. Beethoven hat in Wien gewohnt.

3. Gestern haben Sie die Rechnung bezahlt.
4. Gestern habt ihr gezahlt.

B

1. Gestern haben wir es gelernt.
2. Gestern hat es geregnet.
3. Gestern haben wir gespielt.
4. Gestern haben wir gearbeitet.

C

1. Nein, die Dame hat es nicht vermietet.
2. Ich habe noch nicht gefragt.
3. Nein, ich habe meine Brieftasche nicht gehabt.

D

1. Nein, ich habe schon Deutsch gelernt.
2. Nein danke, ich habe schon gegessen.
3. Nein danke, ich habe schon ein Zimmer gemietet.

E

1. Nein, wir haben die Speisenkarte noch nicht gehabt.
2. Nein, wir haben den Ober noch nicht gefragt.
3. Ja danke, es hat sehr gut geschmeckt.

F

1. Ja, auch der Wein hat gut geschmeckt.
2. Ja, mein Freund hat auch schon gezahlt.
3. Ja, gestern habe ich auch gearbeitet.
4. Nein, ich habe den Schuß nicht gehört.
5. Mein Professor hat das gesagt.
6. Ja, mein Freund hat auch eine Reise nach Deutschland gemacht.

G

1. Trink es!
2. Nehmen Sie es!
3. Nimm es!
4. Hier lies!
5. Iß!
6. Essen Sie!

H

1. Gehst du essen?
2. Gehen Sie auch Ihren Freund besuchen?
3. Geht ihr auch ein Zimmer mieten?
4. Wir gehen die Fahrkarten kaufen.
5. Tim und Pierre gehen ein Bier trinken.

Episode 11

A

1. Hier ist sie!
2. Da ist er!
3. Dort ist es!
4. Hier ist er!
5. Da sind sie!

B

1. Da ist er!
2. Da sind sie!
3. Hier ist er!
4. Hier sind sie!
5. Dort ist es!

C

1. Nun, nehmen Sie das Zimmer?
2. Komm, wir fragen den Portier!
3. Siehst du den Schalter?
4. Ich kaufe die Postkarte!
5. Sehen Sie die Telefonzellen?

D

1. Ja, ich habe es.
2. Ja, ich bringe sie.
3. Ja, ich sehe sie.
4. Ja, ich sehe sie.
5. Ja, wir begleiten ihn.

E

1. Hast du ihn?
2. Brauchst du sie jetzt?
3. Möchtest du sie sehen?
4. Brauchen Sie ihn?
5. Kann ich sie sehen?

F

1. Siehst du ihn?
2. Ich bringe ihn zum Uhrmacher.
3. Siehst du ihn?
4. Hast du sie?
5. Ja, jetzt sehe ich sie!

G

1. Hier ist sie!
2. Bitte, hier ist es!
3. Ja, hier sind sie!
4. Ah, da kommt er!
5. Er heißt Aki!

H

1. Wo? Ich sehe es nicht!
2. Wo? Ich sehe sie nicht!
3. Wo? Ich sehe ihn nicht!
4. Wo? Ich sehe ihn nicht!
5. Ja, ich sehe sie!

I

1. Sie geht nicht!
2. Er ist dort!
3. Sie sind sehr schwer!
4. Sie ist wunderbar!
5. Sie sind noch nicht fertig!

K

1. Hast du sie?   Ah, hier ist sie!
2. Haben Sie ihn? Sehen Sie, hier ist er!
3. Haben Sie es? Ja, hier ist es!
4. Hast du sie?   Ah, da sind sie!
5. Nehmt ihr sie? Ja, wir nehmen sie!

L

1. Ja. Möchten Sie es sehen?
2. Ja. Möchten Sie ihn fragen?
3. Ja. Möchtest du sie sehen?
4. Ja. Möchten Sie ihn haben?
5. Ja. Möchten Sie sie sehen?

M

1. Meinen Lehrer!
2. Kaffee!

3. Den Portier!
4. Suma!
5. Meine Rechnung!

N

1. Was haben Sie bestellt?
2. Wer kommt dort?
3. Was essen Sie?
4. Wen besuchen Sie heute abend?
5. Was suchen Sie?
6. Wer ist dort am Schalter?
7. Wen begleitest du heute abend?

Episode 12

A

1. Ja, das ist mein Koffer!
2. Hier ist sein Koffer!
3. Das ist seine Tasche!
4. Das ist Ihre Tasche!

B

1. Der gehört mir!
2. Der gehört ihm!
3. Die gehört ihm!
4. Die gehört ihr!

C

1. Nein, das ist nicht sein Koffer; er gehört ihm nicht.
2. Nein, das sind nicht Ihre Fotos; sie gehören Ihnen nicht.
3. Nein, das sind nicht meine Gepäckstücke; sie gehören mir nicht.

D

1. Die gehören Ihnen!
2. Der gehört Ihnen!
3. Die gehört mir!
4. Das gehört ihm!

E

1. Nein, das sind nicht meine Fotos.
2. Nein, das ist nicht meine Brieftasche.

3. Nein, das ist nicht mein Gepäck.
4. Nein, das sind nicht meine Bilder.
5. Nein, das ist nicht sein Koffer.
6. Nein, das ist nicht seine Brieftasche.

F

1. Ja, das sind Ihre Fotos!
2. Ja, das ist Ihr Paß!
3. Ja, das sind deine Postkarten!
4. Ja, das ist deine Fahrkarte!

G

1. Darf das Kind zum Fenster hinausschauen?
2. Kann Tim das Fenster zumachen?
3. Der Zug muß gleich abfahren.
4. Aber die Dame muß auch umsteigen.

H

1. Den Gepäckträger.
2. Dem Kaufmann.
3. Dem Gepäckträger.
4. Den Portier.

I

1. Wem gehört diese Fahrkarte?
2. Wen hat die Dame gefragt?
3. Was gibt Suma ihrem Freund?
4. Was ist das?
5. Wem hilft der Gepäckträger?
6. Wen besuchst du jetzt?
7. Was biegt dieser Praktikant?

J

1. Bei einem Lehrer.
2. Mit einem Kind.
3. Mit einer Studentin.
4. Von einem Professor.
5. Bei Frau Berger.

K

1. Legen Sie das Paket nicht auf den Koffer, sondern neben die Tasche!
2. Er hat die Tasche nicht neben den Koffer, sondern auf den Koffer gestellt.

3. Sie dürfen die Tasche nicht auf den Koffer legen, sondern neben den Koffer.
4. Möchten Sie den Koffer auf das Gepäcknetz stellen oder legen?

L

1. Nehmen Sie das Bild aus dem Koffer!
2. Haben Sie ein Foto von Ihrem Freund?
3. Komm, jetzt machen wir ein Foto von meinem Zimmer.
4. Die Tasche steht dort bei meinem Koffer.
5. Wollen Sie zu diesem Zug?
6. Ja, hier ist mein Paß mit meiner Fahrkarte.
7. Dort steht der Koffer bei der Tasche.

Episode 13

A

1. 2 Stunden (lang) geschlossen.
2. $^1/_2$ Stunde (lang) geschlossen.
3. $1^1/_2$ Stunden (lang) geschlossen.
4. 5 Monate (lang) geöffnet.
5. 6 Tage geöffnet.

B

1. Was haben Sie gegessen?
2. Was haben Sie gelesen?
3. Haben Sie Wein getrunken?
4. Hast du das Zimmer genommen?
5. Was hat der Koffer gekostet?
6. Was hat es gestern zu essen gegeben?
7. Haben Sie schon bestellt?
8. Ich habe den Fahrschein für meinen Freund schon bezahlt!
9. Pierre hat das Fenster schon geschlossen!
10. Was ist hier geschehen?
11. Haben Sie Fräulein Gisela gesehen?
12. Hat Ihnen der Salat geschmeckt?
13. Hat der Unterricht begonnen?
14. Ist mein Freund aus München gekommen?
15. Das Essen hat er bestimmt nicht vergessen!
16. Wo haben Sie Deutsch gelernt?
17. Wie haben Sie das gemacht?

C

1. Eßt ihr auch Forellen?
2. Gisela geht um 16 Uhr.
3. Ich unterschreibe jetzt.
4. Pierre fährt morgen.
5. Wollt ihr auch bezahlen?
6. Frau Maier vermietet 2 Zimmer!
7. Hoffentlich kommt es morgen!
8. Nein, das vergesse ich nicht.
9. Nein, wir trinken keinen Wein und kein Bier!
10. Im Winter-Semester studiert er in München.

D

1. Der Ausländer dankt der Studentin.
2. Er gibt sie der Dame.
3. Ich habe es meiner Freundin gesagt.
4. ... und der Dame dort den Wein!
5. Guten Tag, Gisela, wie geht es Ihnen und Ihrer Freundin?
6. Aki zeigt einem Freund den Bahnhof, und Tim zeigt einer Freundin die Universität.

E

1. Mit einer Dame!
2. Ich möchte zur Universität.
3. Meiner Freundin geht es gut, danke.
4. Dieser Koffer gehört dieser Dame.
5. Mit einem Kind.
6. Suma ist jetzt in der Universität.
7. Herr Ricardo muß zur Bank.
8. Ich telefoniere von einer Telefonzelle.

F

1. Herr Ricardo hat das Geld aus der Tasche genommen.
2. Wer kommt dort aus der Telefonzelle?
3. Sehen Sie die Kirche bei der Universität?
4. Die Dame hat bei der Anmeldung dem Portier ihren Paß gezeigt.

5. Was kann ein Student mit einer Mark machen?
6. Mit dieser Eintrittskarte können Sie nicht in diese Vorstellung gehen.
7. Suma und Gisela müssen heute noch zur Bank gehen.
8. Es ist nicht weit zur Universität.

Episode 14

A

1. Suma bringt die Bücher in die Bibliothek.
2. Die Studentin geht um 9 Uhr in die Vorlesung.
3. Zum Essen gehen wir immer in die Mensa.
4. Professor Müller geht heute nicht in die Klinik.
5. Tim und Pierre stellen sich auf die Plattform.
6. Bitte, legen Sie den Koffer nicht auf die (neben die) Tasche.

B

1. Dort in das Abteil.
2. In das Netz. (Neben das Paket.)
3. Dort auf das Sofa, bitte.
4. Durch das Zimmer. (In das Bad.)
5. In das Buch dort.

C

1. Dieser Zug fährt nach Rothenburg.
2. Aki ist schon gestern zum Augenarzt gegangen.
3. Ist es weit zur Universität?
4. Suma und Gisela müssen noch zur Bank.
5. Ist Herr Ricardo gestern nach Hamburg gefahren?
6. Gehen Sie auch zum Essen?
7. Wie komme ich zur Augenklinik?
8. Herr Ricardo begleitet Tim zum Bahnhof.

D

1. Nein, ich kann den Satz nicht nachsprechen!

2. Nein, das kann nicht sehr weh tun!
3. Ich kann nicht langsam ausatmen!
4. Ja, jetzt können Sie sich wieder anziehen!
5. Darf ich eintreten?
6. Wo muß ich einsteigen?

E

1. Er setzt sich auf den Stuhl.
2. Er legt sich zurück.
3. Er setzt sich jetzt auf das Sofa.
4. Sie setzen sich auf das Sofa.

F

1. Aki setzt sich auf das Sofa.
2. Pierre setzt sich in den Sessel.
3. Dr. Müller setzt sich auf den Stuhl.
4. Tim und Pierre setzen sich in die Sessel.
5. Aki und sein Freund setzen sich auf die Stühle.
6. Professor Müller geht in den Hörsaal.
7. Pierre legt das Paket neben den Koffer.
8. Tim und Pierre gehen heute durch den Wald.
9. Der Ober stellt den Salat auf den Tisch.
10. Ricardo legt seinen Paß in den Schrank.

Episode 15

A

1. Sie ist neben dem Wohnheim.
2. Am Schalter.
3. Im Zimmer 66.
4. Bei dem Bahnhof.
5. Im Hörsaal 5.
6. Im Olympia-Stadion.

B

1. Nein, ich habe nur noch Geld auf der Bank.
2. Nein, er wohnt in der Max-Planck-Straße.

3. Nein, Herr Ricardo steht dort neben der Tür.
4. Wie immer, vor der Universität.
5. Nein, ich esse heute in der Mensa.
6. Du bist vor der Dame ins Zimmer gegangen.

C

1. Im Oktober oder im November.
2. Am Samstag.
3. Nach dem Essen.
4. Im Sommer.
5. Im Winter.
6. Nach der Vorlesung.

D

1. Welcher Herr ist Herr Ricardo?
2. Welcher Zug fährt nach Rothenburg?
3. Welche Dame kommt aus Hamburg?
4. Welches Buch willst du aus der Bibliothek haben?
5. Welches Fräulein kommt heute zum Tee?
6. Mit welcher Studentin gehst du immer in die Vorlesung?
7. Bei welchem Arzt war Aki heute?
8. Auf welcher Bank haben Sie Ihr Geld?

Episode 16

A

1. Ritter Heinrich lebte auf dieser Burg.
2. Ich studierte in München.
3. Wir bestellten Kalbsschnitzel mit Salat.
4. Ja, danke, das Bier schmeckte sehr gut.
5. Tim lernte in Rothenburg Deutsch.
6. Nein, Suma wohnte im Studentenheim.

B

1. Ja, das war die Burg eines Ritters.
2. Nein, das ist nicht Tims Schwert.
3. Nein, das ist die Brieftasche meines Freundes.

4. Nein, das ist doch Akis Wecker.
5. Nein, das sind der Koffer, das Paket und die Reisetasche der Dame.
6. Nein, das ist der Ball des Kindes.

C

1. Der Praktikant ist 18 Jahre alt.
2. Die Straße ist 2 km lang.
3. Dieser Rittersaal ist 14 m lang.
4. Dieses Schwert ist 400 Jahre alt.
5. Suma ist 19 Jahre alt.

D

1. Ritter Heinrich lebte von 1448 bis 1502, also 54 Jahre.
2. Wir haben von 8 Uhr bis 14 Uhr gearbeitet, also 6 Stunden.
3. Man kann in Deutschland von Dezember bis März Schi fahren, also 4 Monate.
4. Von München nach Hamburg sind wir von 10 Uhr bis 20 Uhr gefahren, also 10 Stunden.
5. Wir waren von Montag bis Freitag in Rothenburg, also 5 Tage.

E

1. Das Essen war gut.
2. Ich hatte doch meine Brieftasche im Koffer!
3. War das Fußballspiel im Olympia-Stadion?
4. War das Ritter Heinrichs Burg?
5. Die Ritter hatten kein elektrisches Licht.
6. Wer war das? Das war Ritter Heinrichs Mutter Karoline.

Episode 17

A

1. Aki muß ein Stück Blech biegen.
2. Möchten Sie noch ein Stück Fleisch?
3. Ein Glas Sekt schmeckt Ihnen sicher gut.
4. Mittags esse ich gern ein Stück Kuchen.

5. Trinken Sie mit mir ein Glas Bier?
6. Sie hat gestern nachmittag 3 Glas Tee getrunken.
7. Noch ein Stück Fleisch, bitte?
8. Geben Sie mir nur ein Stück Brot.

B

1. bitte, setz dich auch!
2. beug dich auch vor!
3. halt dich auch fest!
4. lehn dich doch auch zurück!
5. leg dich doch auch aufs Sofa!

C

1. er will mir bei der Arbeit helfen.
2. können wir bei dir essen?
3. schreib mir aber noch eine Postkarte!
4. aber deine Freundin kommt doch mit dir?
5. es macht mir viel Vergnügen.

D

1. Halten Sie sich fest!
2. Im Bus hält man sich fest!
3. Darf man sich setzen?
4. Setzen Sie sich bitte aufs Sofa!
5. Leg dich ins Bett, du bist krank!
6. Beugen Sie sich langsam vor!
7. Tim sagt zu Aki: Ich danke dir sehr!

Episode 18

A

1. also ist der Anzug zu teuer für mich.
2. also sind die Schuhe zu groß für Sie!
3. die Miete ist zu hoch für ihn.
4. sie kommt zu spät.
5. sie ist zu schwer für ihn.
6. das war zu viel für ihn.
7. das ist zu weit für Sie!

B

1. Wie gefällt Ihnen München?
2. Haben dir die Forellen geschmeckt?

3. Aber er paßt mir nicht.
4. gefällt er Ihnen so gut?
5. Aber leider passen sie mir nicht.
6. Gefallen Ihnen die Vorlesungen?

C

1. aber der Anzug paßt nicht zur Krawatte.
2. Ich trinke Bier gern; aber paßt es zum Fisch?
3. Diese Blumen passen sehr gut zu Ihnen, Fräulein Suma.
4. Deine Freunde passen nicht zu dir.
5. Das Schwert paßt nicht schlecht zu Pierre.

D

1. Die Schuhe passen Ihnen nicht.
2. Aber sie passen zum Anzug.
3. Ja, der Anzug paßt aber nicht zur Schleife.
4. Die Schleife paßt nicht zum Anzug.
5. Zu diesem Anzug paßt nur eine Krawatte.
6. Aber zur Krawatte passen die Schuhe nicht.
7. Nein, sie passen nicht zur Krawatte.
8. Danke nein, ich kaufe keinen Anzug und keine Krawatte.

Episode 19

A

1. Das Schild an diesem Bild wird repariert.
2. Im Goethe-Institut wird Deutsch gelernt.
3. In diesem Bus wurde alles auf deutsch erklärt.
4. Die Banken werden um 12.30 Uhr geschlossen.
5. In Deutschland wurde früher auch am Samstag gearbeitet.
6. In dieser Gaststätte wird gut gegessen.

B

1. Von den Leuten auf der Straße.
2. Von meinen Freunden aus Frankreich.
3. Mit ihrer Freundin.
4. An allen Schaltern dort.
5. Vor 400 Jahren.
6. Von Italienern, Deutschen und Franzosen.

C

1. Nein, aber von meinen Freunden aus Frankreich.
2. Nein, sie sind von vielen Malern.
3. Nein, wir kaufen in vielen Kaufhäusern.
4. Nein, wir waren in vielen Städten.
5. Nein, mit vielen Taschen und Koffern.
6. Nein, ich habe an zwei Universitäten studiert.

D

1. Leider kann ich Ihnen den Maler dieses Bildes nicht sagen.
2. Ja, ich kann dir den Schalter für die Anmeldung zeigen.
3. Ja, er schreibt mir oft.
4. Ja gern, ich kann Ihnen die Tasche einen Augenblick halten.
5. Ja, ich kann Ihnen dieses Wort erklären.

E

1. Tim spricht nicht so gut Deutsch wie Suma.
2. Die Pinakothek ist so interessant wie das Deutsche Museum.
3. Hamburg ist nicht so schön wie Rothenburg.
4. Ich finde die Kopie nicht so schön wie das Original.
5. Aki arbeitet nicht so schnell wie Herr Berger.
6. Die Schleife paßt nicht so gut zu deinem Anzug wie die Krawatte.
7. Hoffentlich kommst du nicht so spät wie gestern.

F

1. Aki ist schon fertig mit seinem Zahnrad.
2. Sind Sie schon mit dem Essen fertig?
3. Ich interessiere mich nicht für Musik.
4. Das ist sicher interessant für dich.
5. Pierre interessiert sich sehr für Ihren Wagen.
6. Bist du mit dem Fotografieren fertig?

Episode 20

A

1. Ich habe es schon aufgemacht.
2. Ich habe dir die Zeitung schon mitgebracht.
3. Ich habe schon viel zu essen eingekauft.
4. Danke, ich habe sie schon aufgeschrieben.
5. Halt, der Zug ist schon abgefahren.
6. Ich bin in den Bus Nr. 23 eingestiegen, ich muß aber in den Bus Nr. 32 einsteigen.
7. Ich war im Bus Nr. 23, jetzt bin ich umgestiegen.
8. Nein, sie hat gestern auch nicht stattgefunden.
9. Ich bin noch nicht Schi gefahren.
10. Oh, ich habe den Winter schon einmal kennengelernt.

B

1. Wir gehen um halb 2 zum Essen.
2. Ich habe um Viertel nach 5 meine Verabredung.
3. Um 6 Uhr kommt mein Freund.
4. Um halb 9 liest Professor Müller.
5. In 2 Wochen mache ich eine Reise nach Deutschland.
6. Um halb 2 gehen wir zum Essen.

C

1. Die Reise nach Deutschland dauert 2 Monate.
2. Ich studiere schon 3 einhalb Jahre.

3. Ich warte hier schon 5 Minuten.
4. Ich bin schon 8 Tage in Deutschland.
5. Ich suche schon eine halbe Stunde.
6. Mein Praktikum dauert 6 Monate.

D

1. Er hat von Montag bis Samstag ein Zimmer gesucht.
2. Von 5 Uhr bis 8 Uhr war Suma bei ihrer Freundin.
3. Von der Universität bis zur Bibliothek ist es nicht weit.
4. Wir gehen von der Klinik bis zur Mensa zusammen.
5. Von der Bank bis zur Gaststätte brauchen Sie nur 10 Minuten.
6. Die Freundinnen haben 4 Stunden, von 8 bis 12 Uhr, eingekauft.

Episode 21

A

1. Sie können mit dem Bus zum Olympia-Stadion fahren.
2. Durch die Stadt fährt man mit dem Wagen nicht so schnell wie mit der Straßenbahn.
3. Sind Sie mit dem Auto gekommen oder mit dem Zug?
4. Suma geht mit der Freundin zum Baden.
5. Bitte, bringe mir doch ein Buch aus der Bibliothek mit.
6. Kommst du mit Aki zum Tee?

B

1. Hans, darf ich einmal deinen Roller haben?
2. Herr Professor, darf ich nach Hause gehen?
3. Fräulein Suma, darf ich Sie begleiten?
4. Herr Moreno, dürfen wir Sie etwas fragen?
5. Hans, darf ich ein Stück (in deinem Wagen) mitfahren?

C

1. Sie finden sie sehr schwer.
2. Ich finde es hier sehr schön.
3. Sumas Freundin findet ihren Geldbeutel nicht.
4. Deutsch finden wir nicht so schwer.
5. Wie finden Sie das?
6. Du findest doch immer alles.

Episode 22

A

1. Bitte, kommen Sie!
2. Kommt ihr heute nachmittag zum Tee?
3. Hans, geh schnell zum Tierarzt und hol ihn!
4. Geht jetzt nach Hause, es ist schon spät!
5. Gehen Sie immer in dieser Richtung und dann links!
6. Wir müssen zurück zum Bahnsteig 12, komm Pierre!

B

1. In München müssen Sie dann nach der Universität fragen.
2. Suma hat in der Bibliothek die Assistentin nach dem Buch gefragt.
3. Ich habe Pierre nach der Uhrzeit gefragt.
4. Man hat den Kaufmann zweimal nach dem Paß gefragt.
5. Der Professor fragt oft die Studenten nach den Krankheitsgeschichten.
6. Meine Eltern haben schon nach Ihnen gefragt.

C

1. Seit gestern.
2. Seit 2 Tagen.
3. Seit 6 Monaten.
4. Seit der Reise nach Rothenburg.
5. Seit dem Sommer.
6. Seit einem Jahr.

Episode 23

A

1. Darf ich Sie zum Essen einladen?
2. Wir laden dich herzlich zur Hochzeit ein.
3. Trinken Sie Wasser oder Wein zum Essen?
4. Danke, ich nehme keine Milch zum Tee.
5. Wir gratulieren Ihnen zum Geburtstag.
6. Sie sind doch auch bei Frau Müller zum Geburtstag eingeladen.
7. Zur Suppe essen wir immer etwas Brot.

B

1. Ich habe etwas für dich gekauft.
2. Nimmst du etwas Milch in den Tee?
3. Gib mir bitte etwas Brot.
4. In diesem Paket ist etwas für Sie und Ihre Frau!
5. Ich nehme etwas Wasser zum Wein.
6. Aki hat etwas für den Meister gekauft.
7. Das Schnitzel ist sehr gut mit etwas Pfeffer!

C

1. a) Von wem weißt du das?
   b) Von wem wissen Sie das?
2. a) Woher weißt du das noch?
   b) Woher wissen Sie das noch?
3. Von wem sind die Blumen?
4. Woher sind die Krawatte und der Anzug?
5. Woher telefoniert er?
6. Von wem kommt das Paket?

D

1. Bei wem studiert Suma?
2. Wo ist die Kirche?
3. Wo ist die Mensa?
4. Bei wem habt ihr gegessen?

5. Wo ist der Doktor?
6. Bei wem kann ich in Rothenburg wohnen?

Episode 24

A

1. Der Portier antwortet uns.
2. Er sagt es uns.
3. Auch der Hammer gehört nicht uns.
4. Komm zu uns!
5. Bleiben Sie doch noch bei uns!
6. Ihr müßt uns helfen.
7. Sie besuchen uns morgen.
8. Hoffentlich sehen wir uns morgen.
9. Schade, sie haben uns nicht gesehen.

B

1. Soll ich auch zum Essen gehen?
2. Sollen wir auch Postkarten kaufen?
3. Soll ich Ihnen München zeigen?
4. Sollen wir Ihnen helfen?

C

1. Haben Sie etwas zu trinken?
2. Kann ich etwas Zucker haben?
3. Haben Sie etwas zum Kleben?
4. Möchten Sie etwas Milch haben?
5. Haben Sie etwas zu essen?
6. Ich habe noch etwas Zeit.

D

1. Nein, ich habe noch nichts zu essen.
2. Doch, ich habe etwas zu trinken.
3. Leider nein, ich habe nichts zum Schreiben.
4. Doch, wir haben etwas zu rauchen.

Episode 25

A

1. Wir helfen euch, helft ihr uns auch?
2. Sollen wir euch helfen? Ja bitte, helft uns!

3. Sollen wir euch den Weg zeigen? Ja bitte, zeigt uns den Weg!
4. Sollen wir euch das Zelt leihen? Ja bitte, leiht es uns.
5. Wir geben euch den Hammer, da habt ihr ihn!
6. Ich schreibe euch von Hamburg eine Karte. Ja, schreib uns eine Karte!

B

1. Wir begleiten euch!
2. Wir kennen euch schon,
3. Aki hat euch gesucht.
4. Wir haben euch doch eingeladen.
5. Er hat euch schon gefragt,

C

1. Eisen wird aus Erz gewonnen.
2. Stahl wird aus Eisen gemacht.
3. Im Hochofen wird Eisen gewonnen.

D

1. Heute wird von 8 bis 17 Uhr gearbeitet.
2. Hier wird Deutsch gelernt.
3. Wo werden Fahrkarten verkauft?
4. Warum wird das Gepäck nicht gebracht?
5. Das Wort „von" wird mit „v" geschrieben.
6. Wie wird „eu", „ai", „ei", „au" gelesen?
7. Wie wird „stehen" gesprochen?

E

1. Heute wurde viel geraucht.
2. Hier wurde ein Geldbeutel gefunden.
3. Wann wurde die Rechnung bezahlt?

F

1. Macht dir die Reise Freude?
2. Macht Ihnen das Essen Freude?
3. Macht euch Essen und Trinken Freude?
4. Macht Suma Schi laufen Freude?
5. Macht dir Fußball spielen Freude?

Episode 26

A

1. Ich mache ein Foto.
2. Das haben Sie sehr gut gemacht.
3. Das macht nichts.
4. Diese Blumen machen der Dame sicher Freude.
5. Da ist nichts zu machen.
6. Aki, mach schnell!

1. Was kann ich für Sie tun?
2. Ich habe es gern getan.
3. Das tut nichts zur Sache.
4. Tieren darf man nichts tun.
5. Au, das tut weh!
6. Sie tut nur immer so!

B

1. Was für eine Vorlesung besucht Suma?
2. Welches Tor hat Tim fotografiert?
3. Was für ein Tor hat Tim fotografiert?
4. Welche Städte in Deutschland kennen Sie?
5. Welche Burg liegt dort?
6. Was für ein Buch will sich Tim kaufen?

C

1. Ich interessiere mich für Humboldt.
2. Ich interessiere mich für Goethe.
3. Ich interessiere mich für Beethoven.

1. Ich interessiere mich für Kunst.
2. Ich interessiere mich für Musik.
3. Ich interessiere mich für Technik.

D

1. Wir wollen ihnen die Stadt zeigen. Was wollt ihr ihnen zeigen? Die Stadt!
2. Was haben die Praktikanten ihm geschenkt? Sie haben ihm Blumen gekauft.
3. Pierre weiß es auch nicht. Das kann ich dir leider nicht sagen.
4. Bitte, gib mir 5 Mark. Was soll ich dir geben? 5 Mark!

SHORT APPENDIX

List of Compound Verbs

abbiegen 21
abfahren 6
abnehmen 9
anrufen 9
anziehen, sich 14
aufmachen 14
aufpassen 7, 21
aufschreiben 20, 24
aufstehen 11
aufstellen 24
ausatmen 14
ausfüllen 9
auspacken 24
aussteigen 7
ausziehen 14
einatmen 14
einkaufen 20

einladen 9
einordnen, sich 21
einpacken 24
einrichten 20
einschalten 20
einsteigen 6
einwerfen 9
festhalten, sich 17
freimachen 14
herausgeben 7
hereinkommen 23
hinausschauen 12
ineinandergreifen 11
kennenlernen 15
mitbringen 20
mitkommen 19
mitnehmen 20

nachsprechen 14
umschauen 21
umsteigen 7
vorbeugen, sich 17
vorlesen 13
vorstellen 26
weh tun 14
weitergehen 16
wiederkommen 3
zu Fuß gehen 7
zumachen 12
zurückgehen 6
zurücklegen, sich 14
zurücklehnen, sich 17
zusammenarbeiten 11
zuschauen 19

Verbs which form the perfect with "sein"

abbiegen   ich bin abgebogen
abfahren   ich bin abgefahren
aufstehen   ich bin aufgestanden
aussteigen   ich bin ausgestiegen
einsteigen   ich bin eingestiegen
fahren   ich bin gefahren

gehen   ich bin gegangen
geschehen   es ist geschehen
kommen   ich bin gekommen
laufen   ich bin gelaufen
sein   ich bin gewesen
umsteigen   ich bin umgestiegen

Reflexive Verbs

sich anziehen 14
sich drehen 11
sich einordnen 21
sich festhalten 17
sich immatrikulieren 15

sich interessieren 19
sich legen 14
sich setzen 14
sich verletzen 23
sich vorbeugen 17

sich wundern 26
sich zurücklegen 14
sich zurücklehnen 17

Compounds

1. Verbs

-kommen	-gehen	-steigen	-machen
hereinkommen	weitergehen	aussteigen	aufmachen
mitkommen	zurückgehen	einsteigen	freimachen
wiederkommen	(zu Fuß gehen)	umsteigen	zumachen

2. Nouns

		-Karte	
Modifying word different	→	Angelkarte	← *Basic word same*
		Eintrittskarte	
		Fahrkarte	
		Postkarte	
		Speise[n]karte	
		Zuschlagskarte	

		Gepäck-	
Modifying word same	→	Gepäckaufbewahrung	← *Basic word different*
		Gepäcknetz	
		Gepäckstück	
		Gepäckträger	

INDEX

(The first number refers to the episode and the second to the relevant paragraph of the explanatory section.)

1. Declination

Accusative forms (masculine singular only):
Articles: *den, diesen, einen, keinen* 8/1; 8/2
Possessive pronouns: *meinen, deinen, unseren, Ihren* 8/1; 8/2
Personal pronouns: *mich* 17/3, 4; *dich* 17/3,4; *uns* 24/3; *euch* 25/2; *ihn* 11/1
Reflexive pronouns: *sich* 11/4; 17/2
Interrogative pronouns: *wen?, was?* 9/8

Dative forms:
Articles: *dem, diesem, einem, keinem* 12/5; *den* (plural) 16/3
der, dieser, einer, keiner 12/5
Possessive pronouns: *meiner, deiner, unserer, Ihrer* 13/3
Personal pronouns: *mir* 12/2; *dir* 18/2; *uns* 24/1,2; *euch* 25/1; *ihm* 12/2; *ihr* 13/5; *Ihnen* 12/1
Interrogative pronouns: *wem?* 12/8

Genitive forms:
Articles: *des* 16/6; *der* 16/7

2. Construction

Affirmative propositions: 1/3; 2/1
Interrogative sentences: Interrogative word 8/4; Interrogative sentence 1/2; 1/9
Imperative: 1/1; 8/4
Modal sentences: 7/1; 9/4; 10/4
Passive: 19/1,2; 25/4
Perfect: 9/4; 13

Rules of position:
Personal form always in 2nd place: 8/5
Second part of predicate at end of sentence: 1/3; 1/6; 1/9; 3/6; 3/7; 10/6; 14/5
auch, noch, nicht: 1/7; 3/8; 15/10
Various adverbial phrases: 1/6; 2/10; 3/6; 7/5; 15/7; 15/10

Negations: 14/6; 15/13
Initial phrase, make-up: 8/4; 8/5; 9/14

3. Government of cases

Prepositions that always take the accusative: 8/2
Verbs that always take the accusative: 8/2
Prepositions with accusative (*wohin?*) or dative (*wo?, wann?*):
Dative (*wo?*): 15/1,2,6; Dative (*wann?*): 15/3,4,6
Accusative (*wohin?*) 15/7
Verbs that always take the dative: 12/4; 15/5; 19/4; 26/2
Prepositions that always take the dative: 12/6; 15/5; 22/4
Verbs with prepositions: 19/6; 21/2; 22/3; 23/2,3
Adjectives with prepositions: 11; 19/7; 20/3

4. Adjectives

In the predicate — unchanged for singular and plural, masculine and feminine: 3/5
As adverb: 14/4
Derived from participle: 13/6
With prefix *un-*: 14/9
Declination (in phrases): 7/*Vocabulary*; 14/10
Comparison: 7/*Vocabulary*
sehr + adjective: 3/6; *so* + adjective: 18/6; *zu* + adjective: 18/1

5. Nouns

3 genders: masculine, feminine, neuter: 2/4
Definite article: *der, das, die, die* (plural): 2/4; 2/5; 4/3
Indefinite article: *ein, ein, eine*: 2/4; 4/6
Demonstrative article: *dieser, dieses, diese*: 4/2; 4/3
Negative article: *kein, kein, keine*: 4/5; 4/6
(Accusative and Dative: See "Declination")
Genitive singular (*-s*): 16/5; 16/6; 16/7
Dative plural (*-n*): 16/3
Feminine forms (*-in*): 1/11
Compounds: 1/10
Various plural forms: 2/13; 4/11; 5/11

6. Pronouns

Interrogative pronouns: *was?* 3/9; 4/7; *wer?* 9/6; *welcher?* 15/8; *was für ein?* 26/4
Personal pronouns: *ich* 1/4; *Sie* 1/1; 2/3; *wir* 2/2; *er, es, sie* 3/2; *du* 6/1; *ihr* 10/3
(Accusative and Dative: See "Declination")
Impersonal pronouns: *man* 15/9; *etwas* 23/1; 24/5,6; *nichts* 24/5

Demonstrative pronouns: *das ist* . . ., *das sind* . . . 2/8; 4/12
  es 10/5
Possessive pronouns: *mein* 1/5; 2/9; 6/8; *Ihr* 2/9; 4/6; 6/6; 6/8; *sein* 6/5;
  6/8; *unser* 6/5; 6/8; *dein* 6/7; 6/8
(Accusative and Dative: See "Declination")

7. Verbs

Personal forms of present: 1/2; 3/4; 3/1; 6/1,2; 10/3
Peculiarities of forms of present: 7/4
Imperative forms: 1/1; 6/3; 22/1
Strong forms of present: 5/9; 6/4; 13/1
Infinitive: 7/1; 11/2; 14/3; (as imperative): 11/3
Forms of participle (weak): 9/1; 9/3; 10/1; (strong): 13/1;
  (in compounds): 20/1, 2
Perfect *(haben)*: 9/2; 10/1; *(sein)*: 13/2
Preterites: 16/1,2,3,4; 22/2
Passive: 19/1,2; 25/4

Modal verbs: *möchte, darf, kann, muß* 7/1; *will* 12/10; 21/4; *soll* 24/4
Miscellaneous: *haben* 4/1; *sein* 4/1; *werden* 10/9; 19/2; *wissen* 15/12
Impersonal: 10/5

8. Prepositions

am 6/14; 13/6; 15/1; 23/6; *an* 15/3; *auf* 6/13; 9/12; 14/1; *aus* 19/3; 25/5,6;
bei 15/5; 23/7; *durch* 2/12; *für* 3/4; *im* 3/4; 8/3; 15/1; *in* 5/7; 6/11,14; 10/11;
14/1; *mit* 9/9; *nach* 5/4; 6/9; *neben* 12; *ohne* 9/9; *seit* 22/4; *über* 26/5;
um 5/2; 8/3; *vom* 12/7; *von* 2/11; 4/13; 5/6; 6/12; 23/8; *vor* 5/4; 9/11;
zu 5/5; 9/10; 18/1,4; 23/3,4; *zum* 3/4; 5/8; 6/10; 12/7; *zur* 13/3
(Cases governed by prepositions: See "3. Government of cases".)

9. Date / Time

Time of day: 5/1, 4; Point of time: 5/2, 3; 8/3; Period: 8/3; Duration: 5/3;
  13/7; 19/10; Date: 13/6; 16/*Vocabulary*

10. Numbers

1 to 12: 5
13 to 19: 6
20 to 90: 7
220:    5
1950:   16
Dates of years: 16
Ordinal numbers: 14/10
halb, Viertel: 5

ALPHABETICAL WORD INDEX

Idiomatic expressions (such as "Der nächste, bitte!" etc.), prepositions and pronouns, proper names of towns and people are not listed here. The first number indicates the episode in the glossary of which the word is translated; subsequent numbers indicate episodes in which the word is used in a different sense.

einkaufen 20
einladen 9, 15
einordnen, sich 21
ein paar 23
einpacken 24
einschalten 20
Einschreibung 15
einsteigen 6
eintreten 9
Eintritt 9
Eintrittskarte 9
ein wenig 1
einwerfen 9
Einwohner 15
Einwohner-
   meldeamt 15
Einzelzimmer 9
Eis 4
Eisen 25
elektrisch 16
Eltern 16
Ende 19
Engländer 19
englisch 19
entschuldigen Sie 1
Entschuldigung 7
Erfindung 19
erklären 19
erst 7
Erste Hilfe 23
erster 5, 14
Erz 25
Essen 22
essen 4, 5, 10
etwas 23, 24
Examen 5
Expander 23
Expreßgut 6
Export 1
Exportkaufmann 1

F

Fabrik 25
Fach 5
Fachmann 25
fahren 6, 21
Fahrkarte 6, 12
Fahrprüfung 21
Fahrschein 7
Fakultät 5
Fall 23
fallen 8

fangen 24
Februar 8
Feierabend 11
feiern 22
feilen 11
Fenster 8
fertig 11, 19, 20
festhalten, sich 17
Feuer 4, 24
finden 6, 19, 21
Finger 23
Fisch 10, 24
fischen 24
fleißig 11
Forelle 10
formen 25
Formular 15
Foto 2
Frage 26
fragen 9, 22
Franzose 19
Frau 22, 23
Fräulein 4, 13
frei 3, 4
Freie 5
freimachen 14
Freitag 13
fremd 4
Freude 25
freuen, sich 10
Freund 2
Freundin 15
freundlich 4, 15
Fruchtsaft 4
früh 11, 22
früher 16
Frühling 8
Führerschein 21
Führung 16
Fundbüro 6
Fuß 7
Fußball 7
Fußballspiel 7

G

Gabel 5
Gang 14, 21
ganz 13, 17
gar 11
Gas 21
Gast 4
geben 4, 12

Gebiet 25
geboren 16, 25
Gebühr 13
Geburtstag 23
Gedicht 26
gefallen 18, 25
Gegenwart 19
gehen 5, 6, 7
Gehör 14
gehören 12, 18
geht 4, 11, 17
Geige 6
Geld 13
Geldbeutel 17
gemütlich 20
genau 18
genügt 21
Geograph 26
Geographie 26
Gepäck 6
Gepäcknetz 12
Gepäckstück 12
Gepäckträger 12
gerade 23
geradeaus 7
gern 15, 19
Geschäft 1
geschehen 13
Geschenk 23
Geschichte 22
Geschirr 20
geschlossen 13
gestern 9, 22
gesund 14, 22
Gesundheit 22
gewinnen 25
gibt (es) 4
Giraffe 24
Gladiole 23
Glas 17, 25
glauben 26
gleich 19
Gleis 6
Glück 5, 23
Glückwunsch 23
gratulieren 23
greifen 11
groß 11
Größe 18
grün 7
Gummi 24
Gummilösung 24
gut 4, 11
guten Abend 13

gute Nacht 20
guten Appetit 23
guten Morgen 22
guten Tag 1

H

haben 4, 9, 13
halb 5, 13
hallo 4, 6
Hals 14, 22
Halsschmerzen 14
halt 6
halten 6, 7, 19
Haltestelle 7
Hammer 24
Hand 21
Handzeichen 21
hart 24
hatte 16
Haus 20
heiraten 22
heiß 5, 10
heißen 5, 8
heißt 11, 21
helfen 12, 15
Helm 25
Hemd 14
herausgeben 7
Herbst 8
hereinkommen 23
Herr 4
Herz 14
herzlich 15, 23
herzlichen Glück-
   wunsch 23
Heu 24
heute 5, 8, 9, 22
hier 2, 3
Hilfe 23
hinaus 12
Hochofen 25
höchste Zeit 22
Hochzeit 22
Hof 22
hoffen 25
holen 5, 24
hören 9, 14
Hörer 9
Hörsaal 5
Hotel 9
Hunger 4, 20
hupen 21
husten 14
hüten 13

Langenscheidt's New Pocket German Dictionary

Designed expressly for English-speaking users this entirely new German-English and English-German dictionary brings a unique and long-desired feature: Information on declension and conjugation of over 15,000 German noun and verb entries, e.g.

abberuf|en *v/t. (irr. rufen, sep., no -ge-, h)*

Gehör [gə'høːr] *n (-[e]s/no pl.)*

Lauf [lauf] *m (-[e]s/⸗e)*

Stemming from the dictionaries of the world's greatest publisher of bilingual dictionaries it is authoritative, comprehensive, and up-to-date. It includes over 40,000 entries, full pronunciation in the International Phonetic Alphabet, and special quick-reference sections of proper names and abbreviations.

Two volumes in one
4"×6 1/8", 702 pages

Langenscheidt's Standard German Dictionary

The two parts contain 80,000 entries with pronunciation, idiomatic expressions, declensions, abbreviations, and grammatical information.

English-German/German-English
4 5/8" × 7", 1,280 pages

Langenscheidt's New College German Dictionary

Based on the famous 'Handwörterbuch' but completely revised for the English-speaking user this new German-English dictionary now includes — immediately after the noun and verb entries — all necessary information on declension and conjugation. The present edition also includes full pronunciation (International Phonetic Alphabet). Among the other special features of this dictionary are an abundance of idiomatic expressions and a wealth of recently coined words and specialized terms.

German-English, English-German
6 1/4" × 8 5/8", 1,400 pages, 150,000 entries

For a complete catalogue of our publications, special leaflets, and detailed information write to the publisher. We are looking forward to helping you.

Export Sales: 8 München 40, Postfach
British Agents: Hodder & Stoughton Ltd., Dunton Green, Sevenoaks, Kent
American Agents: Optimum Book Marketing, 171 Madison Avenue, New York